Ján Lacika

Bratislava
ALTSTADT

Zusammengestellt von: Daniel Kollár

BRATISLAVA
ALTSTADT

1. Ausgabe, 2005

Autor: Ján Lacika
Zusammengestellt von: Daniel Kollár
Herausgeber: Daniel Kollár und Peter Augustini
Übersetzung: Roman Cvrkal
Lektorant: Astrid Cvrkal-Linke
Verantwortlicher Redakteur: Daniel Kollár
Technischer Redakteur: Ján Hladík
Fotografien: Ján Lacika, Ivan Kostroň, Slowakisches national Museum, Galerie der Stadt Bratislava, Slowakische Nationalgalerie, Archeologisches Museum, Städtisches Museum
Pläne und Situationskarten: Ján Lacika
Kartenausschnitte von Bratislava: VKÚ, a. s., Harmanec
Illustrierte Karte: Pegas, s. r. o., Považská Bystrica
Design und Typographie: Ján Hladík
Druck: VKÚ, a. s., Harmanec

Dieses Buch erscheint gleichzeitig in slowakischer, englischer, deutscher, russischer, polnischer, französischer, spanischer und italienischer Sprache.

ISBN 80-88975-90-5

VORWORT

Auf der Karte Europas findet man nur wenige Städte mit einer vergleichbar einmaligen Lage und reichen Geschichte, wie sie Bratislava hat. Dieser strategisch bedeutende Ort spielte nicht nur ein Mal eine wichtige Rolle in der historischen Entwicklung Europas. Im Mittelalter war er Zentrum von Kultur und Bildung des damaligen Ungarns. Nach dem die Türken tiefer nach Ungarn eingedrungen waren, erklärte man Bratislava zur Hauptstadt Ungarns, zum Sitz des Ungarischen Landtags und der zentralen Behörden und zur Krönungsstadt der ungarischen Könige und Königinnen. Das Zentrum aller bedeutenden historischen Ereignisse war die Altstadt mit zahlreichen kulturhistorischen Sehenswürdigkeiten und interessanter Architektur. Obwohl Bratislava in den letzten Jahren zu einer slowakischen Großstadt mit fast einer halben Million Einwohner heranwuchs, bewahrte sich die Altstadt ihre ruhige Atmosphäre und den intimen Charakter, der mitteleuropäischen historischen Städten eigen ist.

Liebe Leser,

in Ihren Händen halten Sie einen Reiseführer, dessen Ziel es ist, Bratislava und vor allem seine Altstadt als eine äußerst interessante mitteleuropäische Lokalität aus Sicht der Geschichte, Architektur, Kultur und Kunst vorzustellen. Er enthält Grundsätzliches zur Stadtgeschichte und den bedeutendsten kulturhistorischen Sehenswürdigkeiten. Der größte Raum ist verständlicherweise dem historischen Zentrum von Bratislava gewidmet. Die detaillierte Beschreibung historischer Straßen und Plätze, welche das Gerüst der mittelalterlichen Stadt bildeten, folgt einzelnen Sehenswürdigkeiten und interessanten Orten in Form eines Spaziergangs. Es reicht einfach vor einem Palais, einer Kirche oder einem altertümlichen Haus stehen zu bleiben und sich lesend in ihre Geschichte zu vertiefen. Die Orientierung erleichtern übersichtliche Karten. Der Reiseführer führt den Leser auch zu vielen interessanten Dingen, die im Inneren der Häuser verborgen sind und wegen denen es sich lohnt Höfe, Kirchen oder öffentlich zugängliche Palaissäle aufzusuchen. Natürlich dürfen unsere Tipps zu den attraktivsten Sehenswürdigkeiten (mit Sternchen markiert) und praktische Informationen für Besucher am Ende des Buches nicht fehlen.

Mit Hilfe von zahlreichen Fotografien und Illustrationen wollen wir die Atmosphäre der Altstadt einfangen und den Leser zu einem Besuch inspirieren. Mehrere schöne Winkel der Altstadt sind eine Garantie dafür, dass Sie hier alles für ein vollendetes Erlebnis vorfinden: mittelalterliche Gassen, prunkvolle Palais, Cafés, sowie gute und gastfreundliche Menschen. Wir sind überzeugt, dass Sie sich durch unseren Reiseführer und Ihren Besuch in Bratislava verlieben und sich hier wohl fühlen werden.

INHALT

LAGE

Im Rahmen der Slowakei hat Bratislava eine außerordentliche exzentrische Lage. Es liegt am äußersten Rande ihres südwestlichen Bezirks. Ein verhältnismäßig langer Abschnitt der Katastergrenzen der Stadt ist gleichzeitig auch Staatsgrenze, was unter den europäischen Metropolen eine Rarität darstellt.

Bratislava ist eine der jüngsten europäischen Metropolen. Sie war es zuerst während der kurzen Existenz des Slowakischen Staates in den Jahren 1939 bis 1945. Danach wurde sie im Jahre 1993 erneut Hauptstadt der selbständigen Slowakischen Republik. Das Gebiet, das auch als Großbratislava angeführt wird, hat eine Flächenausdehnung von 367,5 km². Es leben 429 000 Einwohner in ihm, ungefähr 8 Prozent der Bevölkerung der Slowakei. Nach der neuen territorial--administrativen Regelung aus dem Jahre 1996 wurde Bratislava Bestandteil des Bratislavaer Bezirkes.

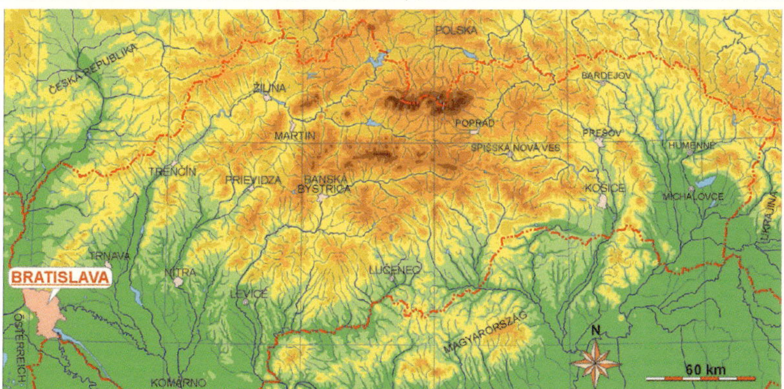

1

GESCHICHTE VON BRATISLAVA

2

Die Geschichte der schöpferischen Gegenwart des Menschen auf dem heutigen Gebiet von Bratislava ist so lang, daß sie mit Jahrtausenden gemessen werden kann. Um die ersten „Preßburger" kennenzulernen, müßten wir bis in die **ältere Steinzeit** zurückkehren. Die **Kelten** hatten großen Einfluß auf die Geschichte von Bratislava. Keltische Stämme, die während der letzten Jahrzehnte vor Christi Geburt den Großteil Nordeuropas unterwarfen, siedelten sich auch auf dem heutigen Gebiet von Bratislava an. Nach der kurzen Daker Episode begann kurz vor Beginn der neuen Zeitrechnung ein weiterer bedeutender Abschnitt in der Geschichte von Bratislava, der nach den dominierenden Ethnika als **germanisch-römisch** bezeichnet werden kann. Da es den Römern nicht gelang, die Grenzen des Imperiums auf die Kämme der Karpaten zu verschieben, wurde das Gebiet von Bratislava Teil einer unruhigen Kontaktzone, die die feindlich gesinnten Römer südlich der Donau von den Germanen nördlich dieses großen europäischen Flusses trennte. Etwa vier Jahrhunderte lag das Gebiet an der Donau auf der Grenze von zwei unterschiedlichen Welten – ein Grund für anhaltende politische und wirtschaftliche Instabilität. Das hinter der Donau liegende Gebiet des heutigen Bratislava wurde Teil der römischen Provinz Pannonien, die von römischen Legionen aus dem nahegelegenen **Carnuntum** (heute Bad Deutsch Altenburg und Petronell) verwaltet wurde. Auf Provinzgebiet befand sich das römische Kastell **Gerulata** (im Gemeindegebiet von Rusovce), bei dem eine zivile Siedlung mit einem Marktplatz entstand.

3

Nach dem Fall des Römischen Reichs entstand in Europa ein kulturelles, wirtschaftliches und politisches Vakuum. Im Zuge der **Völkerwanderung** rollten zwischen dem 4. und 6. Jahrhundert einige Migra-

4

1 Krönung Maria Theresias im St. Martinsdom
2 Villa rustica
3 Biatecs
4 Gerulata

tionswellen über das Gebiet des heutigen Bratislava hinweg. Im 8. und 9. Jahrhundert stabilisierte sich die politische Lage im unruhigen Europa. Für Bratislava war von Bedeutung, daß die Ost grenze, des durch Karl den Großen vereinigten Fränkischen Reiches, gegenüber Territorien mit überwiegend slawischer Bevölkerung stabil blieb. Karls Nachfolger versuchten das Gebiet bei ihrem Kampf um die Krone des Nachfolgestaats des Weströmischen Reiches zu erobern. Sie stießen jedoch bei den slawischen Fürsten Mojmír und Pribina auf Widerstand. Für beide waren Einheit und Zusammenhalt ebenfalls Fremdwörter. Als der mährische Fürst Mojmír seinen Gegner Pribina aus Nitra schlug und ihn aus dem Land vertrieb, schuf er den Grundstein des mächtigen aber kurzlebigen **Großmährischen Reiches**. Der Großteil der Bevölkerung des neuen

Staatsgebildes, das seinen Höhepunkt während der zweiten Hälfte des 9. Jahrhunderts erlebte, bewohnte befestigte Burgstätten. Zwei dieser bedeutenden **Großmährischen Burgstätten** errichtete man auf dem Gebiet des heutigen Bratislava. Eine stand unterhalb des Burgfelsens von Devín, die andere auf dem Burgberg von Bratislava. Árpáds direkter Nachfahre Stephan I., der im Jahr 1000 zum ersten ungarischen König gewählt wurde, siedelte sogar eine Zeit lang auf der Preßburger Burg und verwaltete von hier aus sein Land.

Der **2. Dezember 1291** ist nicht das Geburtsdatum auf der Geburtsurkunde von Bratislava. Wir könnten es eher als Datum der

1 und 2 Burg Devín 3 Römisches Grabmal
4 Großmährische Basilika auf der Burg Bratislava
5 Hl. Kyrillos und Hl. Methodios 6 Ausstellung im Museum Gerulata

1

Reifeprüfung begreifen, die bestätigt, daß die Preßburger befähigt sind, Bürger einer **königlichen Freistadt** zu sein. Eine besondere Art von Beziehung entwickelte sich zwischen Preßburg und dem König **Sigismund von Luxemburg**, der im Jahr 1387 den ungarischen Thron bestieg. Er herrschte 50 Jahre, was keinem anderen ungarischen Herrscher gelang. Im Jahr 1430 folgte das Recht der Münzprägung und zwar im

2

3

stadteigenen Münzhaus. Das im Jahr 1436 erteilte Recht, ein Wappen zu führen, sollte das Prestige der Stadt noch erhöhen.

Nach Ladislaus Tod im Jahr 1458 betrat Hunyadys Sohn, **Matthias Corvinus** den Thron. Während seiner dreißigjährigen Herrschaft hielt die traditionelle Zuneigung ungarischer Herrscher für Preßburg weiter an. Das zeigte sich in der feierlichen Bestätigung der privilegierten Stellung durch die **Goldbulle des Königs Matthias** im Jahr 1464 und einer weiteren Erweiterung der Privilegien um das Recht des Schwerts im Jahr 1468. Mit dem Namen Matthias Corvinus verbinden sich die ersten humanistischen Gedanken in Mitteleuropa. Einer davon war die Gründung einer Hochschule nach dem Vorbild der ältesten europäischen Universität in Bologna. Als Sitz wählte man Bratislava und gab ihr den Namen **Universitas Istropolitana**.

Die Niederlage der ungarischen Armeen in der **Schlacht bei Mohács** im Jahr 1526 hatte für Ungarn katastrophale Folgen. Die

1 Wasserturm in der Vorburg **2** Heinrich III. unter der Pressburger Burg
3 Wappenbrief **4** Westmauern und St. Martinsdom **5** Klarissenkirche und Kloster

1

Armee des osmanischen Sultans Sulaiman II. brachte das Land zuerst um seinen König und kurz darauf auch einen großen Teil seines Gebietes um die Freiheit. Paradoxerweise zog Preßburg seinen Vorteil aus dieser Situation. Ferdinand von Habsburg, der ein Jahr nach dem Preßburger Landtag durch eine erneute Krönung in Stuhlweißenburg bestätigt wurde, bedankte sich für die erwiesene Gunst und erhöhte Preßburg aufgrund eines Gesetzes, das vom ungarischen Landtag im Jahr

2

3

1536 verabschiedet wurde, zur **Hauptstadt Ungarns**.

Mit der vierzigjährigen Herrschaft **Maria Theresias** ist eine Zeit größter Blüte und Prosperität verknüpft. Ihre außerordentlich positive Beziehung zu Preßburg begann mit dem Tag ihrer Krönung am 25. Juni 1741. Später nutzte sie jede Gelegenheit, um die geliebte Stadt persönlich zu besuchen. Das Stadtleben wurde Dank der Zuneigung der Herrscherin und zahlreicher attraktiver Veranstaltungen und Feste bunter. Jeder ambitiösere Adlige in Ungarn

1 Pressburg im 16. Jahrhundert
2 Gedenksäule an die Türkenkriege
3 Universitatis Istropolitana
4 Pressburg im 18. Jahrhundert
5 und 6 Krönungsfeierlichkeiten am St. Martinsdom

versuchte dem kaiserlichen Hof und der beliebten Herrscherin so nah wie möglich zu sein. Verständlicherweise suchten sie sie auch in Preßburg auf, wo sie häufig ihre freie Zeit verbrachte. Um sich den Aufenthalt angenehmer zu gestalten, bauten sich viele von ihnen unterhalb der Preßburger Burg die damals so modischen **Stadtpalais**.

Die Kriege, die Maria Theresia mit Preußen führte, hatten zum Glück keinen Einfluß auf Preßburg. Ähnlich wie im 14. Jahrhundert, erlebte die Stadt eine lange Periode ohne Waffengeklirr. Unter diesen Bedingungen gediehen alle Bereiche menschlicher Tätigkeit. Handel und Gewerbe blühten, Bildung, Kunst und Geistesleben entfalteten sich weiter. Der Geist der **Aufklärung und Toleranz** beherrschte Preßburg. Die Einwohnerzahl stieg in den Jahren 1720 bis 1780 um mehr als das Dreifache. Mit 33 Tausend Einwohnern stand die Stadt in Ungarn an erster Stelle. Preßburg war größer als Buda, Pest oder Debrecen und wuchs immer mehr in die Breite, vor den Mauern entstanden neue Viertel. Die Stadtmauern erwiesen sich als immer größeres Hindernis bei der urbanen Entwicklung von Preßburg. Die wachsende Stadt mußte unbedingt das steinerne „Joch" abschütteln. Im Jahr 1775 genehmigte deshalb Maria Theresia den **Abriß der inneren Mauern**. Der Sohn von Maria Theresia, Kaiser **Joseph II.**, zeigte bei weitem nicht so großes Interesse an Preßburg wie seine Mutter. Während der Herrschaft von Joseph II. ging die politische Bedeutung Preßburgs zurück, günstige Bedingungen für eine wirtschaftliche Entwicklung

1 Grassalkovich Palais 2 Maria Theresia 3 Krönung Maria Theresias
4 Krönungszeremonie vor den Ostmauern

3

blieben aber erhalten.

Den wirtschaftlichen Aufschwung von Preßburg beeinträchtigten Anfang des 19. Jahrhunderts die **Napoleonischen Kriege**. Zwei Mal näherten sich französische Truppen der Stadt. Das erste Mal 1805, als sie die Stadt leicht eroberten. Eine dreißig Mann starke Reiterabteilung besetzte die Pendelbrücke über die Donau und anschließend marschierten 300 Reiter und 9 000 Infanteristen in die Stadt ein. Kurz danach kam es zur großen Schlacht der drei Kaiser bei Austerlitz (heute Slavkov). Napoleons berühmter Sieg wurde mit einem Friedensabkommen bestätigt, das als **Frieden von Preßburg** in die europäische Geschichte einging. Der Vertrag wurde am 26. Dezember 1805 im Spiegelsaal des Primatialpalais unterzeichnet. Der Frieden von Preßburg bedeutete große Gebietsverluste für

4

die Monarchie. Die zweite Hälfte des 19. Jahrhunderts in Preßburg stand im Zeichen der beginnenden **Industrierevolution**. Hand in Hand mit der Industrie entwickelte sich auch der moderne Verkehr. Ein großer Fortschritt im Bereich des Flußverkehrs auf der Donau war die Dampfschifffahrt, die 1818 ihren Betrieb aufnahm. Die Fahrt zum anderen Donauufer war seit 1890 Dank dem bekannten Preßburger Propeller bequemer. Im nächsten Jahr konnte man den Park in Petržalka über die erste Brücke erreichen, die nach Kaiser Franz Joseph benannt wurde. Im

1 Barockinterieur der Trinitarierkirche **2** Hauptaltar der Barockkirche der Elisabethinerinnen

2

1

Jahr 1840 nahm die erste Pferdebahn ihre Fahrt auf, die anfangs auf der Strecke Preßburg – Svätý Jur verkehrte. Die erste Dampflokomotive fuhr in den Preßburger Bahnhof am 5. August 1848 ein. Die Verbindung nach Marchegg wurde später bis nach Wien verlängert. Auf dieser Strecke liegen die älteste Eisenbahnbrücke und der älteste Eisenbahntunnel Ungarns. Als 1895 die erste **Straßenbahn**

2

ihre Fahrt aufnahm, war dies praktisch die Geburtsstunde des modernen, öffentlichen Stadtverkehrs in Preßburg. Auf den ersten **Oberleitungsomnibus** mußten die Preßburger bis 1911 warten.

Im **Ersten Weltkrieg** blieben Preßburg direkte Kriegsschrecken erspart. Die Einwohner erlebten nur die indirekten Folgen des Krieges und die Angst um Verwandte an den Fronten. Dafür verlängerten die Preßburger die Dauer des Krieges. Als die Waffen an allen Frontlinien bereist schwiegen, begann der Kampf um Preßburg. Auf den Trümmern der Monarchie wurde am 28. Oktober 1918 die Tschechoslowakische Republik ausgerufen und zwei Tage später vom Slowakischen Nationalrat bestätigt, das Schicksal von Preßburg blieb aber mehr als unklar.

1 Krönungsfeierlichkeiten 2 Hügel Bratislavské vŕšky im 19. Jahrhundert 3 Statue des Hl. Martin 4 Platz Františkánske námestie im 19. Jahrhundert

Am zweiten Februar 1919 zog die slowakische Regie-

rung, mit Vavro Šrobár an der Spitze, von Žilina nach Preßburg, das so zur Hauptstadt der Slowakei wurde. Preßburg war aber nur noch einen Monat richtig, denn am 6. März 1919 wurde es in Bratislava umbenannt. Während der ersten Jahre nach dem Ersten Weltkrieg etablierten sich mehrere nationale Institutionen wie zum Beispiel das Slowakische Nationaltheater, die Comenius Universität usw. Die Einwohnerzahl stieg in dieser Zeit von 83 000 im Jahr 1919 auf 124 000 im Jahr 1938. Auch nach dem Zerfall der Mo-

narchie blieb Bratislava eine Dreinationen Stadt, nur das Verhältnis änderte sich. Der Anteil der Slowaken (Tschechen eingerechnet) stieg von 33% im Jahr 1919 auf 59% im Jahr 1938 (davon nicht ganz 17% Tschechen). Der Anteil der Deutschen sank im gleichen Zeitraum von 36 auf 22%, im Fall der Ungarn war es ein Rückgang von 29 auf 13%. Zahlreich war die jüdische Gemeinde mit 14 454 Mitgliedern (1938).

Als am 14. März 1939 die unabhängige Slowakische Republik ausgerufen wurde, wurde Bratislava **Hauptstadt**. Präsident Jozef Tiso wählte das Grassalkowich-Palais zu seinem Sitz. Der Staat von Gnaden des faschistischen Deutschland war von kurzer Dauer. Praktisch hörte er im April 1945, als Bratislava von der Roten Armee zusammen mit der Rumänischen Armee befreit wurde, auf zu existieren. Das Bratislava der Nachkriegszeit erlebte eine Entwicklung, wie sie zuvor nie stattgefunden hatte. In vier Jahrzehnten verdreifachte sich die Einwohnerzahl. Dieser extreme Zuwachs war Folge der Massenzuwanderung aus der ganzen Slowakei. Die Menschen

1 Klassizistisches Primatialpalais
2 Donaukai im 19. Jahrhundert
3 Donaukai heute

Dienstleistungen fehlte oder blieb weit zurück. Im Jahr 1978 wechselte der Wohnungsbau zum rechten Donauufer über. In zehn Jahren entstand hier ein neues

kamen auf der Suche nach Arbeit und einer Wohnmöglichkeit. Man muß dazu sagen, daß diese Entwicklung einen extensiven Charakter hatte.

Petržalka, das mit 120 000 Einwohnern der größte Wohnkomplex der damaligen Tschechoslowakei war. Nach der Revolution im November 1989 stagnierte das extensive Wachstum Bratislavas und

Es begann der **Massenausbau von Wohnvierteln**. Man konzentrierte sich vor allem auf Wohnungen, die Ausstattung mit

1 Station der Pferdebahn **2** Straßenbahn von Pressburg nach Wien **3** Brücke Červený most **4** Bratislava des 20. Jahrhunderts **5** Pontonbrücke über die Donau **6** Brücke Nový most **7** Springbrunnen Družba auf dem Platz Námestie slobody **8** Blaue Kirche **9** Präsidentenpalais

6

für ein ganzes Jahrzehnt blieb die Einwohnerzahl bei 450 000. Nach der Teilung der Tschechischen und Slowakischen Föderativen Republik wurde Bratislava am 1. Januar 1993 zur **Hauptstadt der unabhängigen Slowakischen Republik**.

8

7

9

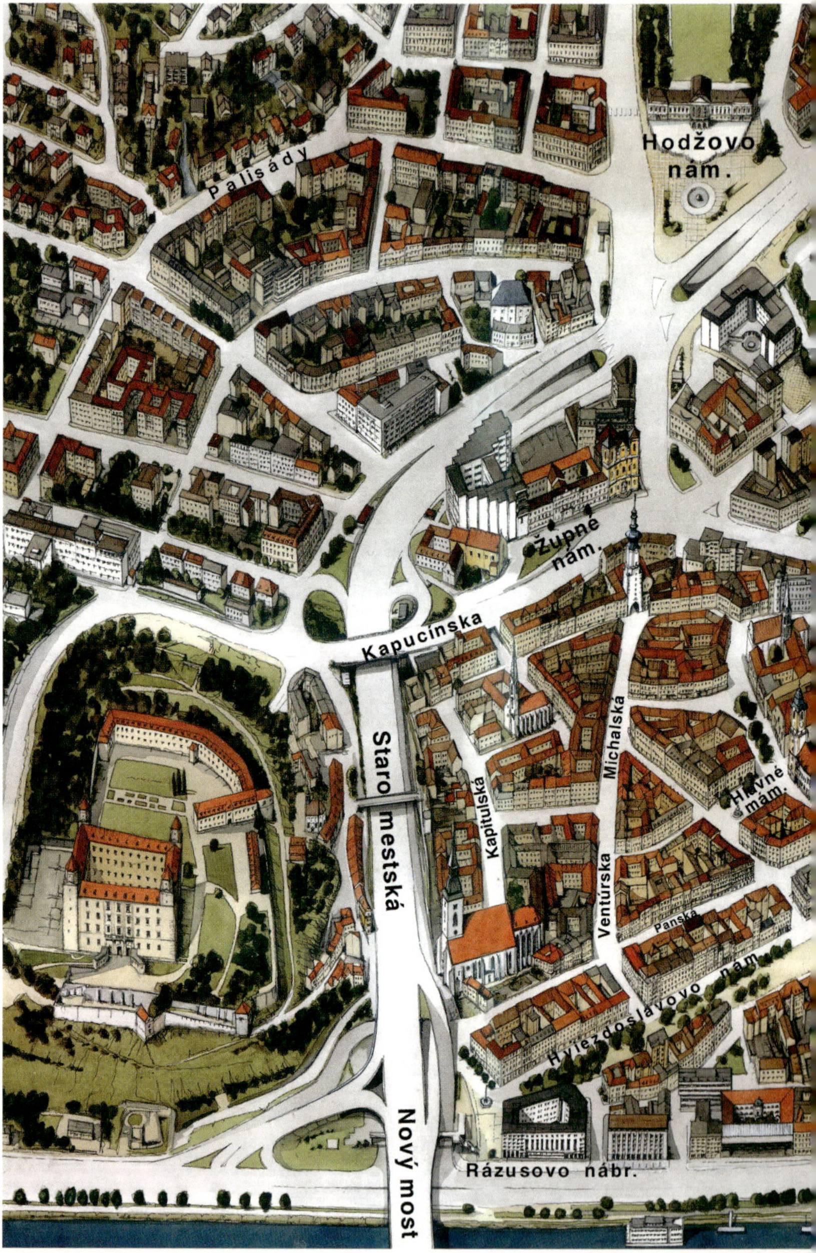
Palisády
Hodžovo nám.
Župné nám.
Kapucínska
Staromestská
Michalská
Kapitulská
Hlavné nám.
Ventúrska
Panská
Hviezdoslavovo nám.
Rázusovo nábr.
Nový most

Kollárovo nám.
Obchodná
Špitálska
Nám. SNP
Dunajská
Laurinská
Štúrova
Vajanského nábr.

1

ALTSTADT

Das Zentrum von Bratislava wird auch als **Altstadt** – Staré Mesto (44 800 Einwohner) bezeichnet. Im Jahr 1996 wurde der Bezirk Staré Mesto zum Distrikt Bratislava I., der mit seinen 9,6 km^2 der kleinste Distrikt der Slowakei ist. Zugleich ist er mit 4 790 Einw./km^2 am dichtesten besiedelt. Zur Altstadt gehört der historische Stadtkern und angrenzende Viertel, die im Mittelalter Vorstadtviertel waren. Der östliche Teil der Altstadt ist, im Gegensatz zum westlichen, der sich auf Hügeln erstreckt, eben und dicht bebaut. Die Südgrenze der Altstadt bildet das Flußbett der Donau.

1 Altstadt vom Turm des Alten Rathauses
2 und 3 Altstadt von der Burg Bratislava aus

Michalská und Ventúrska Straße

Wir beginnen auf dem Platz Hurbanovo námestie, von dem man eine wunderschöne Aussicht auf die schmale Silhouette des Michaelertors mit dem charakteristischen Zwiebeldach hat. Der Anfang der Michalská Straße führt über die alte **Steinbrücke des Hl. Michael**** ❶, die über

1 Michalská Straße zu Beginn des 20. Jahrhunderts
2 Michalská Straße heute **3** Brücke des Hl. Michael

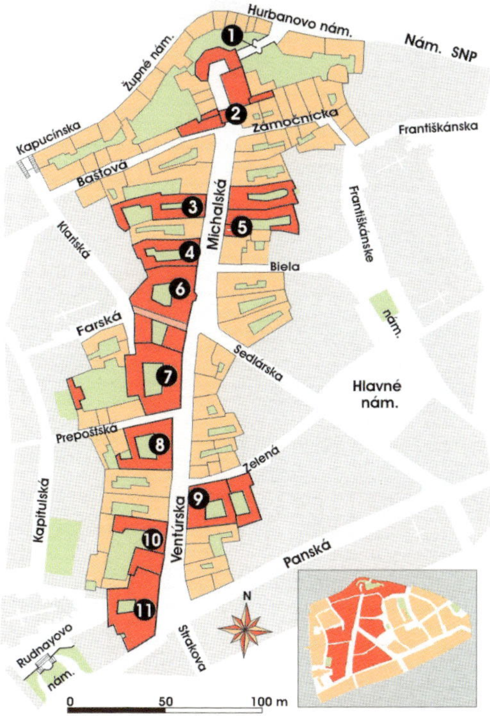

den ehemaligen Burggraben führt. Man baute sie in der ersten Hälfte des 18. Jahrhunderts anstelle der ausgedienten hölzernen Zugbrücke. Der obere Teil der Michalská Straße folgt dem Weg über den Rest einer **Barbakane**, die seit dem 15. Jahrhundert den wichtigen Stadteingang schützte. Die Biegung der Straße sollte einen direkten Kanonenangriff auf das Michaelertor verhindern.

Bevor wir das Michaelertor durchschreiten, betrachten wir das schmale Haus auf der rechten Seite. Es ist das **Haus mit der schmalsten Fassade** der Stadt. Ein Beispiel für den Einfallsreichtum der Baumeister von Preßburg und ihre Fähigkeit, sich mit den beengten Verhältnissen an der Stadtmauer auseinanderzusetzen. Die Breite des Hauses entspricht der Breite des Burggrabens. Die Außenmauern sind eigentlich die beiden Festungsmauern.

Der **Michaeleturm***** **❷** ist eines der nicht wegzudenkenden Symbole der Stadt. Es ist das einzige der vier Stadttore, das erhalten blieb. Über dieses Tor betrat man früher die befestigte mittelalterliche Stadt aus Mähren kommend. Während der Nacht wurde es üblicherweise geschloßen. Der Name stammt von der Siedlung vor dem Tor, die im frühen Mittelalter an der längst abgerissenen Kirche des Hl. Michael stand. Der heutige Michaelerturm hat sieben Stockwerke. Man kann daran mehrere Baustile, von der Gotik bis zum Barock, identifizieren. Den untersten Teil bildet der Durchgang mit einem Kreuzgewölbe aus Ziegelsteinen, dann folgen fünf Stockwerke des massiven viereckigen Turmes. Der untere Teil, bis zum zweiten Stock, ist der älteste. Er entstand als gotisches Burgtor irgendwann in der ersten Hälfte des 14. Jahrhunderts. Den oberen Teil mit drei weiteren Stockwerken errichtete man im ersten Drittel des 16. Jahrhunderts, als die Stadtmauern, aus Furcht vor einem Angriff der Türken, befestigt wurden. Unter dem Michaelerturm befindet sich der Kilometernullpunkt, von dem die Entfernungen zwischen den großen Weltstädten und Bratislava abgelesen werden.

1

Der Aufstieg auf den Absatz des Michaelerturms lohnt sich, besonders wenn man es mit einer Besichtigung der **Ausstellung historischer Waffen** des Stadtmuseums verbindet. Der Rundblick vom Turm ist phantastisch.

Vom Michaelertor sieht man die gesamte **Michalská Straße**, die zu den ältesten der Stadt gehört. Ihr unterer Teil gehörte bereits zum romanischen Bratislava. Später vergrößerte sie sich durch Häuser an der Straße, auf der Händler vom Norden zur Furt an der Donau gelangten. Ihre heutige Länge bestimmten die Baumeister der inneren Festungsmauern irgendwann im 14. Jahrhundert. Die heutige Bebauung der Michalská Straße ist baustilmäßig bunt, relativ häufig sind erhaltene oder erneuerte Häuser im Renaissancestil.

Wir halten zuerst bei der **Segner Kurie**** ❸ (Haus Nr. 7) in der westlichen Häuserreihe, die durch zwei markante zweistöckige Erker auffällt. Hier wurde im Jahr 1704 sein

Urenkel Johannes Andreas Segner (1704-1777) geboren, der als Wissenschaftler europäischen Formats seine Geburtsstadt in der ganzen Welt berühmt machte. Das zweite Haus unterhalb der Segnerkurie ist das **Jeszenák Palais*** ❹ (Haus Nr. 3). Es ist das zweitälteste Gebäude von Bratislava und wurde 1730 als Stadtpalais errichtet. Älter ist nur das Eszterházypalais in der Kapitulská Straße aus dem 17. Jahrhundert. Es gehörte dem königlichen Ratgeber Paul Jeszenák. Mit seiner architektonisch ausgewogenen Fassade erinnert es ein wenig an das Hillebrandtpalais der Daun-Kinski in Wien.

Im verhältnismäßig unauffälligen Gebäude mit einer einfachen klassizistischen Fassade auf der östlichen Seite der

1 Barbakane und Trinitarierkirche
2 Baštová Straße 3 Durchfahrt im Michaelturm
4 Durchfahrt unter der Barbakane

1

bibliothek befindet. Im zentralen Saal tagte in den Jahren 1802 bis 1848 die sog. Untere Kammer des Ungarischen Landtags, die von Abgeordneten gebildet wurde, die Komitate, freie Königsstädte und Kapitel vertraten. In den Jahren 1951 bis 1953 wurde das Gebäude für die Anforderungen der **Universitätsbibliothek** umgebaut.

Die **Ventúrska Straße**, die an die Michalská Straße anschließt, trägt den Namen der Bürgerfamilie Ventura, die aus Italien stammte. An der Stelle, an der sich die Ventúrska Straße mit der Michalská Straße verbindet, stehen die gegenüberliegenden Häuser näher und es entstand eine Verengung. Eines dieser Häuser ist das **Palais von Leopold de Pauli**❼** (Haus Nr. 13). Es

2

3

Michalská Straße erwartet uns eine nette Überraschung. Es ist das wundervolle gotische Interieur der **St. Katharina Kapelle** ❺**. Von weißen Wänden blickt auf uns, aus sanften Bögen hoher gotischer Fenster, der Zauber der Vergangenheit herab. Die Kapelle gehört zu den am besten erhaltenen Bauten von Bratislava.

Das prächtigste Gebäude der Michalská Straße steht an ihrem unteren Ende. Es ist das **Palais der Ungarischen Königlichen Hofkammer** ❻**, in dem sich heute die Universitäts-

wurde in den Jahren 1775 bis 1776 für den Hauptverwalter des kaiserlichen Besitzes auf einem ehemaligen Grundstück des Königs errichtet. De Paulis Stadtpalais ist ein würdiges Beispiel für den neuen Trend in der Architektur von Preßburger Stadtpalais, der im letzten Viertel des 18. Jahrhunderts einsetzte. Dieses Palais hat etwas, was anderen fehlt. Sein Inneres schmückt ein Garten mit einem bezaubernden **Musikpavillon** im Rokokostil. Hier soll, einigen Quellen zufolge, im Jahr 1820 Franz Liszt musiziert haben.

An der Ecke Ventúrska und Prepoštská Straße fällt durch seine elegante streng klassizistische Fassade das **Zichy Palais**** ❽ (Haus Nr. 11) auf. Gebaut wurde es von F. Fellner an der Stelle von drei älteren mittelalterlichen Häusern. Es hat vier Flügel und einen Pawlatschenhof. 1775 gab es Graf Franz Zichy in Auftrag. In den achtziger Jahren des 20. Jahrhunderts wurde das Palais für Zeremonien und festliche Anläße erneuert. An der Ecke Ventúrska und Zelená Straße steht das barocke **Pálffy Palais**** ❾ (Haus Nr. 10), 1747 durch den Umbau eines älteren Hauses entstanden. Die Gedenktafel an der Fassade des Pálffy Palais von Seiten der Ventúrska Straße, macht uns darauf aufmerksam, daß hier wahrscheinlich das Konzert eines sechsjährigen Wunderkindes stattfand, das die ganze Welt unter dem Namen **Wolfgang Amadeus Mozart** (1756-1791) kennt. In den altertümlich anmutenden **Häusern** gegenüber dem Pálffy Palais begann die fünfhundertjährige Geschichte des Hochschulwesens in Bratislava. Für dreißig Jahre beherbergten sie die erste humanistische Universität Ungarns bekannt unter dem Namen **Universitas Istropolitana***** ❿.

Im unteren Teil verbreitert sich die Ventúrska Straße etwas. Das schmale Dreieck ist mit größter Wahrscheinlichkeit Teil eines alten Marktplatzes gewesen, der noch Zeuge der mittelalterlichen Vorburgstadt war. Die

1 Segner Kurie 2 Fassadendetail der Segner Kurie 3 Michaelturm in der Nacht
4 Portal des Pálffy Palais

westliche Seite füllt das **Erdödy Palais**** ⓫ (Haus Nr. 1) aus. Der ehemalige private Sitz des Richters Graf Georg Erdödy ist das letzte Palais der zweiten Generation von Stadtpalais. Im Jahr 1770 wurde es vom Architekten Matthias Walch fertiggestellt. Ursprünglich hatte das Palais zwei Stockwerke, während der zweiten Hälfte des 20. Jahrhunderts kam ein drittes dazu.

❶ Universitätsbibliothek ❷ Unterer Teil der Ventúrska Straße ❸ und ❹ St. Martinsdom von der Burg Bratislava aus

Martinsdom und Kapitulská Straße

Stolz einer jeden christlichen Stadt ist die Pfarrkirche. Ohne Zweifel gilt das auch für den größten, ältesten und großartigsten Bratislavaer Dom, den **Martinsdom****** ❶.

3

4

An seinem Beginn stand die päpstliche Genehmigung, die dem Allerheiligsten Erlöser geweihte Propstkirche von der Burg in die Vorburg zu verlegen. Der Heilige Vater Innozenz III. entsprach im Jahre 1221 in dieser Angelegenheit dem Ansuchen des ungarischen Königs Emmerich. Der Umbau, der ab dem 14. Jahrhundert unter dem Patronat des Herrschers und des Stadtrates realisiert wurde, drückte schon damals der städtischen Pfarrkirche die gotische Form auf.

Der Martinsdom war in den Jahren 1563 bis 1830 **Krönungskirche**. Der erste hier gekrönte Herrscher war Maximilian II. Die feierliche Krönungszeremonie spielte sich am 8. September 1563 ab. Nach ihr erfolgten weitere achtzehn, unter ihnen auch die am 25. Juni 1741 erfolgte Krönung Maria Theresias. Der letzte, der unter der Bleistatue des hl. Martins die königliche Stephanskrone empfing, war Ferdinand V. Dies fand am 28. September 1830 statt. Das unvollständige Verzeichnis von 11 Königen und 8 königlichen Gemahlinnen, die im Bratislavaer Dom gekrönt wurden, befindet sich auf einer an der linken Seite des Presbyteriums angebrachten Tafel.

Die allmähliche Barokkisierung des Domes konzentrierte sich hauptsächlich auf das Innere und auf den Bau der vierten Kapelle. In den Jahren 1732 bis 1734 erweiterte man an der Nordseite den Grundriss der Kirche um die **Kapelle des hl. Johannes des Almosengebers**, die zu den künstlerisch wertvollsten Denkmälern in ganz Bratislava gehört. Zu dieser Zeit war der Erzbischof **Emmerich Esterházy** ungarischer Primas mit Sitz in Preßburg. Mit umfangreicher Unterstützung der künstlerischen Gemeinde verdiente er sich den Beinamen ungarischer „Medici“. Allein in die Kapelle selbst investierte er eine für damalige Zeit schwindelerregende Summe von 70 000 Golddukaten. Die Barockkapelle errichtete man wahrscheinlich nach einem Projekt von **Georg Raphael Donner** (1693-1741). Der bewährte Künstler Georg Raphael Donner wurde auch mit weiteren Aufträgen im Innern des Bratislavaer Domes betraut. Anstelle des entfernten gotischen Altars errichtete man einen neuen massiven Barockaltar, in dem Donners monumentale **Statuengruppe des heiligen Martin** dominierte. Das wunderbare Bildhauerwerk, geschaffen um das Jahr 1744, stellt einen, aus dem nahen Pannonien stammenden, römischen Soldaten dar, der mit energischem Säbelhieb seinen Mantel zerteilt, um die Hälfte einem unter der Kälte leidenden Bettler zu geben.

Für die Vernichtung des **Barockturmes** im Jahre 1833 sorgte ein durch

1

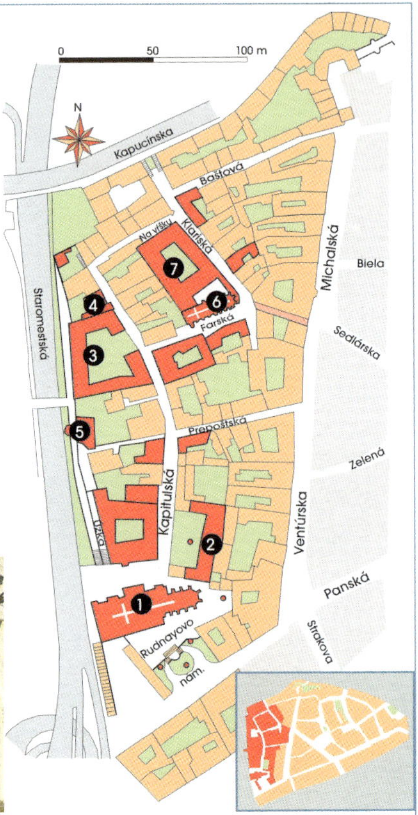

1 Gotische Fenster
2 Büste von Franz Liszt
3 Krönung von Karoline Auguste

einen Blitz hervorgerufenes Feuer. Das war drei Jahre nach der letzten, im Dom erfolgten, Krönung. Mit der Reparatur betraute man den berühmten klassizistischen Preßburger Architekten Ignaz Feigler d.Ä. Der griff nach der damals modischen romantischen Neogotik. Er gab dem Turm ein **neogotisches Aussehen**, das er bis heute hat. In der Gegenwart erreicht der Turm des Bratislavaer Domes eine Höhe von 85 m. An seiner Spitze befindet sich ein vergoldetes Kissen mit den Ausmaßen von 2 x 2 Metern. Auf der Unterlage liegt die vergoldete **Kopie der ungarischen Königskrone**. Die Nachbildung erreicht die Höhe von einem Meter und hat ein Gewicht von 300 Kilogramm. Im Glockenstuhl hängen zwei Glocken – die größere wird **Wedderin** genannt.

In der rechten Ecke dieses Plätzchens an der Ecke der östlichen Häuserreihe der Kapitulská Straße sticht ein großes Gebäude hervor, mit einem verhältnismäßig ausgedehnten vorderen Hof. Es entstand im Jahre 1632

2

3

durch den Umbau eines älteren Hauses auf Anregung des damaligen Propstes Georg Draškovič. Es war für die Bedürfnisse der Propstei bestimmt und

2

1

trägt deshalb die Bezeichnung **Propst Palais**** ❷.

Das heutige Propst Palais hat die Form eines zweistöckigen Spätrenaissancebaues mit kurzen Seitenflügeln, die den schon erwähnten geräumigen vorderen Hof, besser gesagt einen Garten bilden. Heute dient das Propst Palais als Priesterseminar. Es ist Internatsteil der römisch-katholischen **Theo-**

3

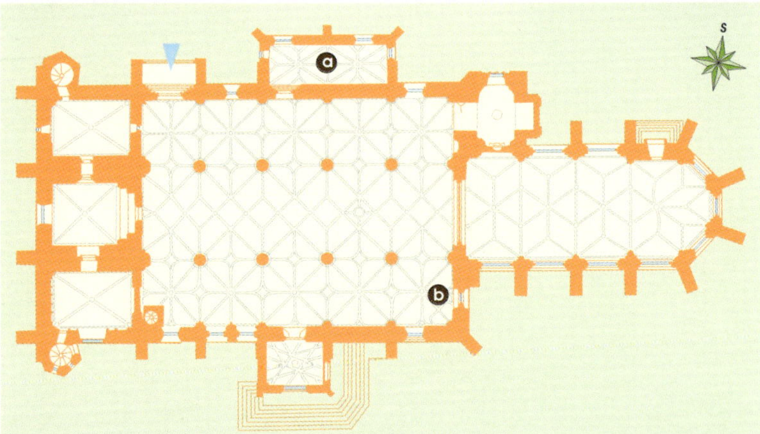

Grundriss des St. Martinsdoms

ⓐ Kapelle des Hl. Johannes des Almosengebers ⓑ Statuengruppe des Hl. Martin auf dem Pferd

logischen Fakultät Kyrillos und Methodios.

Das **Esterházy Palais*** ❸ (Haus Nummer 6 bis 10) ist der einzige weltliche Palaisbau in der Kapitulská Straße. Es gehört zu den ältesten Bürgerpalais in der Stadt. Na-

hezu um ein ganzes Jahrhundert griff es der gesteigerten Bautätigkeit vor, die die Stadt unter der Herrschaft Maria Theresias erfaßte und ihr eine Menge wunderbarer Barock-, Rokoko- und klassizistischer Palaisbauten bescherte. Man errichtete es in der Hälfte des 17. Jahrhunderts und baute es im nachfolgenden Jahrhundert im Barockstil um. Später kaufte Graf Esterházy das Palais.

Im nördlichen Teil der Kapitulská Straße fällt durch

1 I. Esterházy Statue von G. R. Donner
2 Relief der Allerheiligsten Dreifaltigkeit
3 Engel von G. R. Donner
4 Kapitulská Straße
5 Portal des Collegiums Emericanums

sein altmodisches gotisches Aussehen das sog. **Kleine Propsthaus* ❹** auf (Haus Nummer 4). Es wird eigentlich von zwei ursprünglich gotischen Häusern aus dem 15. Jahrhundert gebildet. An der östlichen Häuserreihe der Kapitulská Straße befindet sich die **westliche Stadtbefestigung**, die im Rahmen des Ausbaues der Zufahrt zur Neuen Brücke zu Beginn der siebziger Jahre des 20. Jahrhunderts einer großen Rekonstruktion unterzogen wurde. In der Befestigung fällt die mächtige **Vogelbastei* ❺** auf, die in der Vergangenheit einen Verteidigungsgegenpol zur Bastei Luginsland auf dem gegenüberliegenden Hang des ehemaligen Burgberges bildete.

Dominanter Bau der **Klariská Straße** ist die **Kirche der Klarissen*** ❻** mit **Kloster** ❼**. Ein Klosterobjekt stand an dieser Stelle schon

1 Kapitulská Straße 2 Turm der Klarissenkirche
3 Portal der Klarissenkirche 4 Statue der Hl. Elisabeth von Ungarn

2

3

4

in der ersten Hälfte des 13. Jahrhunderts. Es ließen sich hier die Zisterzienser nieder, die zusammen mit den Franziskanern die ersten Orden in Preßburg waren. Schon Ende des 13. Jahrhunderts begann man beim Kloster mit dem Bau einer **einschiffigen gotischen Kirche**, die um das Jahr 1375 eingedeckt wurde. Zu einer erneuten Eindeckung mußte es nach dem Feuer im Jahre 1515 kommen. An das Schiff baute man ein **Presbyterium**. In dem ersten Viertel des 15. Jahrhunderts baute man an das Kirchenschiff von Seiten der Farská Straße einen fünfseitigen **gotischen Turm** an, reich geschmückt mit Wasserspeiern und Figuren im sog. schönen Stil.

Panská und Laurinská Straße

Panská Straße beginnt am ehemaligen Tor Vydrická brána und reicht bis zur Kreuzung mit dem Tor Rybárska brána. An der Stelle, wo sich die Panská Straße zur rechteckigen Fläche des Platzes Rudnayovo námestie verbreitert, steht das klassizistische **Csáky Palais**** ❶. Im Jahre 1775 ließ es sich Graf Georg Csáky bauen. Für den Bau nahm er die Dienste des einheimischen Baumeisters Matthias Walch in Anspruch.

An der Ecke Panská und Strakova Straße steht das **Keglevich Palais**** ❷. Neben dem stolzen, typisch städtischen Erdödy Palais sieht es wie der ländliche Sitz eines reichen Landedelmannes irgendwo in der Liptau oder Turiec aus. Das ländliche Aussehen gibt ihm die niedrige Fassade mit einem Stockwerk, die durch ein hohes rotes Dach kompensiert wird, wie es altertümliche Pachthöfe weit entfernt von der Stadt haben. Das Barockpalais entstand durch Umbau eines älteren Bürgerhauses.

Das **Pálffy Palais***** ❸ auf der Panská Straße Nummer 19 - 21 bereitete den Fachleuten für die Geschichte von Bratislava in den vergangenen Jahren wohl die meisten angenehmen Überraschungen. Die ältesten schriftlichen Dokumente, die sich auf das prunkvolle Palais in der heutigen Panská Straße beziehen, stammen aus den Jahren 1415 bis 1416. In **Pálffys** Besitz kam dieses mittelalterliche Haus im Jahr 1715. Damals kaufte es Graf Johann Pálffy,

der später Paladin und Landrichter wurde. Er bezahlte dafür dreitausend Gulden. In der ersten Hälfte des 19. Jahrhunderts vereinheitlichten die Pálffys architektonisch die ursprüngliche Bebauung der Parzelle zu einem spätklassizistischen Palais mit einer Fassade, die die heutige Form hat. Im Jahre 1885 sanierten sie den hinteren Teil des Palais und an seiner Stelle errichteten sie ein neueres, zur Promenade (heute Hviezdoslavovo námestie) orientiertes Palais. Umfangreiche Rekonstruktionen, realisiert in den achtziger Jahren des 20. Jahrhunderts, setzten das Interieur des Pálffy Palais für die Zwecke der **Galerie der Stadt Bratislava** instand.

An der Stelle des Hauses Nummer 17, in dem heute das **British Council*** ❹ siedelt, stand im 13. Jahrhundert ein mittelalterlicher Verteidigungsturm. Das gotische Haus aus dem 15. Jahrhundert gehörte dem Paladin Rozgoň, dem bekannten Akteur des Bürgerkrieges zwischen Stadt und Burg. Nach mehreren weiteren Besitzern erwarben im Jahr 1590 die Paulaner aus Marianka das Haus. Die Mönche dieses Ordens trugen typische weiße Kleidung, deshalb nannte man ihren Sitz Haus der weißen Mönche.

Kehren wir jedoch zur südlichen Seite der Panská Straße zurück. In ihrer Mitte stehen zwei schöne Palais. Es ist gut, daß beide nebeneinander stehen, denn sie geben uns eine aus-

❶ Spötterchen in der Panská Straße ❷ Keglevich Palais ❸ Galerie der Stadt Bratislava

gezeichnete unmittelbare Vergleichsmöglichkeit des schweren majestätischen Barocks mit dem leichten, graziösen Rokoko. Links steht das barocke **Esterházy Palais**** ❺ (Haus Nummer 13). Man erbaute es im Jahre 1743 für den Grafen Jan Esterházy aus dem Bernolákovo-Zweig, einer der reichsten Adelsfamilien in Ungarn. Es gehörte zu den prunkvollsten Palais in der Stadt. Im Exterieur zeigt sich das nicht so sehr. Das rechts stehende Rokoko – **Balassa Palais**** ❻ (Haus Nummer 15) unterscheidet sich auf den ersten Blick von seinem Barocknachbarn. Bei gleicher Stockwerkszahl ist es deutlich niedriger.

Der lebhafteste Platz im alten Bratislava ist sicherlich die Kreuzung Rybárska brána mit Panská und Laurinská Straße. Die Menschen bleiben hier gern stehen, um den Straßenmusikanten zuzuhören. Touristen fasziniert hier das geradezu zeremonielle Photographieren mit **Čumil**** ❼ [Tschumil].

Rybárska brána [Fischer Tor] ist eine kurze Straße im historischen Zentrum von Bratislava, die Bestandteil des sog. Korso ist. Sie ist auf der ganzen Strecke Fußgängerzone, die Plätze Hlavné námestie und Hviezdoslavovo námestie verbindend. Bei dem Haus Nummer 1 findet sich die Statue eines Mannes mit Zylinder in Lebensgröße, wie er sich gerade mit irgendeinem Bekannten, der aus dem nahen Eingang heraustritt, begrüßt. Im Gegensatz zum nicht weit entfernten Čumil ist diese, in strahlender silberner Farbe leuchtende Skulptur, das Abbild eines wirklichen Bratislavaers, den alle den **Schöner Náci**** ❽ nannten. Mit richtigem Namen hieß er Ignác Lamar. Er stammte aus Petržalka und wurde am 12. August 1897 in der Familie eines Schuhmachers geboren. Glücklicherweise gelang es ihm, dem Abtransport der Bratislavaer Deutschen nach dem Kriege Richtung Deutschland zu entgehen. Nahezu vierzig Jahre war er nicht weg-

1

zudenkender und einzigartiger Bestandteil des Kolorits seiner uralten Straßen und Cafés.

Die **Laurinská Straße** ist die Fortsetzung der Panská Straße. Sie heißt so von Rybárska brána bis zur gewundenen Einmündung in die Štúrova Straße. Die nördliche Häuserreihe auf der Laurinská beginnt von der Straße Rybárska brána mit einem großen vierstöckigen **Haus*** ❾ mit klassizistischer Fassade (Nummer 1), das bis zur Ecke Radničná Straße reicht. An die Ecke Laurinská und Radničná Straße baute man in der Hälfte des 19. Jahrhunderts das **Haus des Barons Walterskirchen**.

Die bedeutendste Slowakische Schauspielbühne befindet sich seit dem Jahre 1955 im östlichen Teil der Laurinská Straße in dem Gebäude des **P. O. Hviezdoslav Theaters*** ❿. Vor dem Eingang zum Theater hängt quer über der Straße die Replik eines Fallgitters, um die Vorübergehenden darauf aufmerksam zu machen, daß an dieser Stelle ursprünglich das Tor **Laurinská brána*** ⓫ [**Lorenzertor**] stand.

1 Karneval in der Laurinská Straße 2 Schöner Náci
3 Laurinská Straße 4 Gaffer (Čumil)

Hauptplatz

Von den drei zentralen Flächen im Stadtzentrum ist am eindrucksvollsten der Platz **Hlavné námestie** (Hauptplatz) mit einem nahezu viereckigem Grundriss. Die Menschen geben sich oft ein Rendezvous am **Maximilianspringbrunnen**** ❶ im westlichen Teil des Hlavné námestie

1 und 2 Platz Hlavné námestie 3 Altes Rathaus 4 Maximilianspringbrunnen

3

ähnlich wie die Londoner unter dem Amor am Piccadilly Circus oder die Prager unter der Turmuhr. Bis zur zweiten Hälfte des 16. Jahrhunderts gab es auf diesem Platz keine ergiebigere öffentliche Wasserquelle. Erst im Jahre 1572 wurde mit finanziellen Beiträgen des ungarischen Königs Maximilian der Springbrunnen auf dem Platz beendet. Die Preßburger dankten ihrem Herrscher seine Gewogenheit für die Stadt damit, daß sie den neuen Springbrunnen auf dem Hauptplatz nach ihm benannten und ihn mit Maximilians Porträt verschönten.

4

Jedes Gebäude auf dem Hlavné námestie verdient unsere Aufmerksamkeit, am meisten aber seine Hauptdominante, das **Alte Rathaus****** ❷. Preßburg gewann ein eigenes Rathausgebäude als erste Stadt in Oberungarn. Das umgebaute Preßburger

Rathaus am Hauptplatz begann erst im Jahre 1434 voll seinem Zwecke zu dienen. Vor dem Jahr 1442 entstand eine neue **Rathausdurchfahrt**, die den Zutritt zum Rathaus vom Platz aus ermöglichte. Dieses bemerkenswerte architektonische Element ist uns in ganzer Schönheit bis heute erhalten. Das Preßburger Rathaus trat in das 16. Jahrhundert in neuem, spätgotischem Kleid und wurde zu einer bedeutenden architektonischen Dominante des Platzes und einem wichtigen Bestandteil der Silhouette der Stadt. In der zweiten Hälfte des 16. Jahrhunderts kam es zu bestimmten Rekonstruktionen des Rathausturmes. Im Jahre 1581 kamen im Rathausinnenhof die bis heute erhaltenen, von Säulen getragenen, **Renaissancearkaden** hinzu, die der Steinmetzmeister Bartolomeus aus Wolfsthal anfertigte.

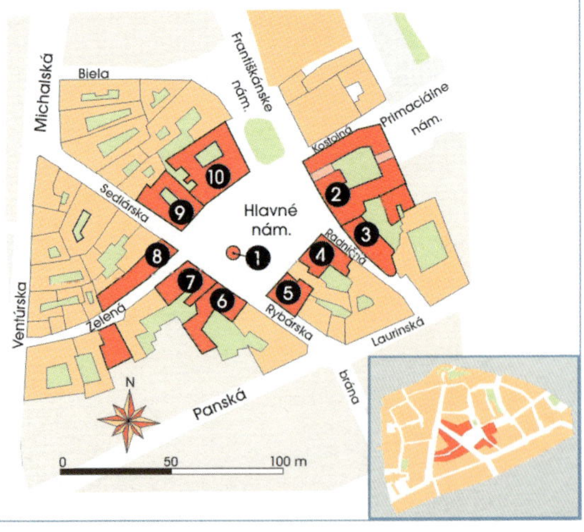

Die Front zum Platz erhielt im Jahre 1599 sechs gleiche **Renaissancefenster**.

Das schönste, was sich in den Sälen abspielte, kam erst am Ende des 17. Jahrhunderts. B. C. Orsati fertigte reich mit Stuck verzierte Gewölbe und Rahmen, in die der Augsburger Maler J. J. Drentwett herrliche Wandmalereien einfügte. Die Malereien schließen stilistisch an die italienische und flämische Malerei des 17. Jahrhunderts an. Das mittlere Gemälde im Gewölbe des Saales hat das Letzte Gericht zum Thema. Zur Realisierung des Anbauprojektes des historisierenden Ost- und Südflügels kam es im Jahr 1912. Später realisierte Bautätigkeiten am Rathausgebäude hatten nur noch den Charakter von Reparaturen und Rekonstruktionen einiger verdeckter wertvollerer architektonischer Details. Bei der Erneuerung der Turmfassade konnte die eingemauerte **Kanonenkugel** erhalten werden, die an die Beschießung der Stadt durch Napoleons Soldaten im Jahre 1809 erinnert.

1 Innenhof des Alten Rathauses **2** Altes Rathaus **3** Deckendetail in der Rathauseinfahrt
4 Radničná Straße **5** Interieur des Alten Rathauses

Ein Stück über dem Erdboden ist eine **Tafel** mit einem Strich zu sehen, der anzeigt, bis wohin das aus der Donau ausgetretene Wasser während der katastrophalen Überschwemmung am 5. Februar 1850 reichte.

Das **Apponyi-Palais**** ❸, angrenzend an das Ungerhaus, liegt schon außerhalb des Platzes Hlavné námestie auf der kurzen Radničná Straße. Das Palais baute man in den Jahren 1761 bis 1762 für den Grafen Georg Apponyi, einem Angehörigen einer reichen ungarischen Adelsfamilie, die aus Oponice bei Topoľčany stammte. Gegenwärtig dient das Apponyi Palais als **Weinbaumuseum** und als regionale Bibliothek.

Das **Haus Nr 2** * ❹ gegenüber dem Apponyi-Palais, mit dem zum Platz Hlavné námestie gerichteten Haupteingang, gehört zu den ältesten in der Stadt. Dank der bemerkenswerten Entdeckungen sehr alter architektonischer Elemente aus dem letzten Drittel des 13. Jahrhunderts kennen es die Bratislavaer als das "Haus mit dem Turm". Den Abschluß der drei Häuser an der Südseite des Platzes Hlavné námestie bildet das **Jeszenák Palais*** ❺. Der Barockbau an der Ecke Hlavné námestie und Rybárska brána entstand in der ersten Hälfte des 18. Jahrhunderts an der Stelle eines älteren Bürgerhauses. Die Steinkartusche an der Ecke trägt das Wappen des ursprünglichen Palaisbesitzers, des Grafen Jan Jeszenák. In das Erdgeschoss des Palais kehrte vor nicht langer Zeit die bekannte stilvolle Konditorei **Kaffe Mayer** zurück.

Die Westreihe der Häuser am Platz Hlavné námestie ist dem Stil nach jünger. Interessant ist das **Haus** Nr 5. Man baute es im Jahr 1906 an Stelle eines älteren mittelalterlichen Hauses der Familie Auer aus dem 15. Jahrhundert, in dem eine gewisse Zeit die Königin Maria, Witwe des Königs

1 Kaiser Maximilian II. 2 Stirnwand des Unger-Hauses
3 Schachautomat 4 Innenhof des Alten Rathauses

Ludwig II., wohnte. Heute ist das Gebäude Sitz einer Bank, aber außer den Bankdienstleistungen bietet es auch ein angenehmes Verweilen im **Café Roland*** ❻. Eine ganz neue Bereicherung der stilvollen Innenausstattung des Cafés ist eine Replik des berühmten Kempelenschen Schachautomaten. Das benachbarte **Palugyay Palais*** ❼ (Nummer 6), das an der Ecke Hlavné námestie und Zelená Straße steht, bekam im Jahre 1880 eine neubarocke Form. Sie entstammt der Tradition des französischen Barocks. Man baute es für den bedeutenden Bratislavaer Weinhändler František Palugyay.

Die gegenüberliegende Ecke der Zelená Straße bildet das Haus **Zelený dom**** ❽ (Sedlárska Straße 12). Dieser Begriff prägte sich in das Gedächtnis der Bratislavaer gerade deshalb ein, weil es eine Grün gestrichene Fassade hat und hier bis vor kurzem eine populäre Gaststätte und Weinstube gleichen Namens

war. Der Hauptflügel des Hauses Zelený dom ist zur Sedlárska Straße gerichtet. Diese mittelalterliche Straße stellt zusammen mit Rybárska brána eine Verbindung zwischen Michalská und Laurinská Straße dar. Heute gehört diese Straße zu den lebendigsten Teilen des Bratislavaer Korsos, der traditionellen Promenadenstraße der Bratislavaer. Am westlichen Flügel des zur Sedlárska Straße gewendeten **Kutscherfeld Palais**** ❾ kehren wir zum Platz Hlavné námestie zurück.

Aus den Fenstern des Palais (Haus Nummer 7) ist der Maximilian Springbrunnen zu sehen. Das zweistöckige Eckpalais gehört zu den schönsten Rokokobauten in der Stadt. Man errichtete es im Jahre 1762 an der Stelle mehrerer mittelalterlicher Parzellen. Heute ist das Kutscherfeldpalais Sitz der Vertretung der Französischen Republik und des **Französischen Institutes**.

Die Anwesenheit der Franzosen unterstreicht auf dem Platz Hlavné námestie die kürzlich installierte **Bronzestatue** eines Mannes in Uniform mit typischem Napoleonischem Dreispitz. Der an Napoleon selbst erinnernde Soldat stützt sich leger auf eine geschmiedete Bank, auf der sich Touristen gern photographieren.

Als im Jahr 1723 die **Behörde des Königlichen Stadthalterrates**** ⑩ eingerichtet wurde, wählte man Preßburg zu ihrem Sitz. Man brachte sie im Haus an der nordöstlichen Ecke des Platzes Hlavné námestie unter. Die Stadt gewann eine hohe Behörde, die in Ungarn den in Wien siedelnden Herrscher vertrat. Sie hatte keine Entscheidungsgewalt, denn ihre Vorschläge mußte sie dem Herrscher über die ungarische Kanzlei in Wien zur Entscheidung vorlegen. Im Jahre 1762 kaufte man für die Behörde das Nachbarhaus hinzu. Beide Objekte wurden nachfolgend baulich verbunden und zum **Palais des Statthalterrates** umgebaut.

❶ Historische Feierlichkeiten auf dem Platz Hlavné námestie ❷ Platz Hlavné námestie ❸ Franziskanerkloster

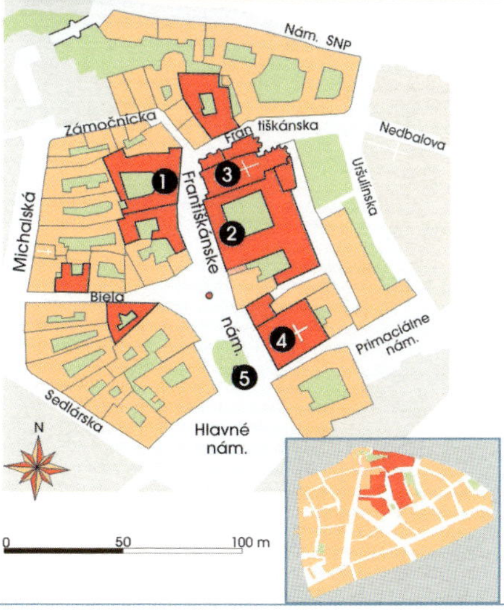

Franziskanerplatz

Architektonisches Schmuckstück des oberen Franziskanerplatzes ist das **Mirbach Palais***** ❶. Nicht zu unrecht wird es zusammen mit dem Primatialpalais für das schönste gehalten, was Bratislava zu bieten hat. Das Gebäude wurde in den Jahren 1768 bis 1770 vom Baumeister Matthias Hörlligl anstelle des Weitenhofes errichtet. Nach dem Abkauf von den Franziskanern befand es sich im Besitz der Stadt. Der reiche Bierbrauer M. Spech ließ sich das Mirbach Palais bauen. Es hat den Anschein, daß er es nicht für sich baute, denn gleich nach der Fertigstellung verkaufte er es an Emmerich Csáky. Im Lauf der Zeit wechselten die Besitzer. Der letzte private Eigentümer war Graf Emil Mirbach, der das Palais der Stadt mit der Bedingung vermachte, daß dort ein Museum gegründet wird. Diese Bedingung wurde erfüllt. Heute befindet sich hier die **Galerie der Stadt Bratislava**, die außer hochwertigen Gelegenheitsausstellungen auch eine Dauerausstellung des Schaffens barocker Künstler mit Bezug zu Bratislava beherbergt.

Gegenüber dem Mirbach Palais steht die Franziskaner Kirche. Zuerst wollen wir uns

1 Portaldetail des Mirbach Palais 2 Galerie der Stadt Bratislava 3 Mirbach Palais 4 Presbyterium der Franziskanerkirche 5 Schlag zum Ritter des goldenen Hufeisens

aber das benachbarte Klostergebäude anschauen, das mit der Kirche eng zusammenhängt. Es gehörte Mönchen, die mit den ersten Orden nach Preßburg kamen. Im Inneren des **Klosterkomplexes**** ❷ blieb der ursprüngliche **Kreuzgang mit Arkaden** erhalten. Die heutige zum Franziskanerplatz weisende Fassade des Hauptgebäudes stammt aus dem 19. Jahrhundert.

Die **Franziskanerkirche***** ❸ ist **Mariä Verkündigung** geweiht und hat eine sehr alte Geschichte. Sie ist der älteste bis

heute erhaltene Sakral-Bau von Bratislava. Einer unbestätigten Quelle zufolge wurde sie vom ungarischen König Ladislaus IV. (dem Kumanen) zur Ehre seines Siegs über Ottokar II. auf dem Marchfeld im Jahr 1278 erbaut. Die einfache einschiffige Kirche wurde im gotischen Stil erbaut. Ein Erdbeben, das im Jahr 1590 Preßburg heimsuchte, brachte das gotische

4

Kreuzgewölbe zum Einsturz. In den Jahren 1613 bis 1616 wurde es durch ein neues Kufengewölbe ersetzt. Das ursprüngliche gotische **Presbyterium** und die **Seitenwände des Kirchenschiffes** blieben erhalten und sind heute die ältesten Teile der Kirche. Die Franziskanerkirche war Schauplatz einer der traditionellen Zeremonien während der

5

Säule der Siegreichen Jungfrau Maria ❺**, einer der ältesten ihrer Art in Ungarn. Sie gehört zur Gruppe von Säulen der Siegreichen Mariä, die von den Habsburgern im ganzen Land zu Ehren ihrer großen Kriegserfolge errichtet wurden. Auf dem Franziskanerplatz steht sie seit 1675.

Krönung ungarischer Könige. Der neue Herrscher schlug dort ausgewählte Adlige zu **Ritter des goldenen Sporns**.

Die **Jesuiten Kirche** ❹** im unteren Teil des Platzes gehörte nicht immer den Jesuiten. Deutsch sprechende Preßburger Protestanten bauten sie aufgrund einer Erlaubnis des Königs aus dem Jahr 1636. Während der Herrschaft Leopolds I. verstärkte sich der Druck der Rekatholisierung und Erzbischof Szelepcsényi nahm im Jahr 1672 den Preßburger Protestanten ihre Gebetshäuser ab. Der deutschen Kirche nahmen sich die **Jesuite**n an und weihten sie dem **Allerheiligsten Erlöser**. Sie begannen auch sofort mit ihrem Umbau. Unseren Rundgang beenden wir vor der

1 Kapelle des Franziskanerklosters 2 Fenster eines Bürgerhauses am Platz Františkánske námestie 3 Eingang der Jesuitenkirche 4 Springbrunnen des Hl. Georg

Primatialplatz

Das Primatial-palais**** ❶, das durch seine ausgebreitete Masse die ganze Südseite des Platzes ausfüllt, wird zu Recht für eines der schönsten in Bratislava gehalten. Man baute es in den Jahren 1778 bis 1781 an Stelle eines älteren Bischofpalais. Der zum Platz orientierte Frontflügel, hat eine streng klassizistische **Fassade**.

In das Primatialpalais tritt man durch ein dreiachsiges Vestibül, aus dem man über eine breite repräsentative Treppe zum Hauptsaal im ersten Stockwerk steigt. Zum Platz ist das sog. piano nobile gewendet, das direkt mit dem Hauptrepräsentationssaal im Ostflügel des Palais verbunden ist. Der Saal diente ursprünglich als Festhalle des Erzbischofs. Den auch so geräumigen Raum vergrößern visuell große Spiegel an den Wänden. Deshalb nennt man ihn auch **Spiegelsaal**. Die Aufgabe der Spiegel besteht nicht nur darin, die Größe des Raumes zu unterstreichen, sondern auch seine Beleuchtung zu verbessern. Zu Weihnachten 1805 war er Zeuge eines wichtigen historischen Ereignisses, zu dem sich vor allem die Franzosen als zu einem hellen Punkt ihrer Geschichte bekennen. Nach der Schlacht bei Austerlitz kamen im Primatialpalais

die Vertreter der Länder zusammen, die daran beteiligt waren. Den siegreichen Napoleon Bonaparte I. vertrat sein Minister für auswärtige Angelegenheiten Maurice Talleyrand, für den geschlagenen Kaiser Franz kam Fürst Johann Lichtenstein nach Preßburg. Der Unterzeichnungsakt fand am 26. Dezember 1805 im Spiegelsaal statt. Mit der Unterschrift unter den sog. **Preßburger Frieden** am 26. Dezember 1805 verlor Österreich Tirol, Istrien, Dalmatien und Venedig und wurde zu einem Binnenland. Frankreich brachte sich aus Preßburg ein gesteigertes Selbstbewußtsein und einen noch größeren Appetit auf weitere

1

2

Kriegsfeldzüge mit.

Im Jahre 1903 kaufte die Stadt das Primatialpalais zum Zwecke der Erweiterung des Rathauses. Während der Rekonstruktion der Repräsentationsräume gelang eine einzigartige Entdekkung, von der der Kustos des Städtischen Museums August Helmar die Öffentlichkeit informierte. Hinter den Tapeten fand man eine zusammengelegte unbekannte Stoffrolle. Als man sie auf dem Boden der Vorhalle aufrollte, stellte man mit Verblüffung fest, daß es sich um eine Serie wertvoller Gobelins handelte, die die Welt heute als **Bratislavaer Tapisserie** kennt. Aus der Eingangshalle geht man auch in den inneren viereckigen Hof. In seiner Mitte dominiert der **Springbrunnen des Hl. Georg**. Mittelteil des Springbrunnens ist die barocke, den legendären mit dem Drachen kämpfenden Ritter darstellende, Sandsteinskulptur. Gegenüber dem Primatialpalais

1 Primatialpalais heute 2 Primatialpalais im 19. Jahrhundert 3 Bratislavaer Tapisserie
4 Platz Primaciálne námestie vom Rathausturm aus

steht das **Neue Rathaus*** ❷. Das moderne, für den Bratislavaer Magistrat im Jahre 1948 errichtete, Gebäude ersetzte das sanierte Jesuitenkloster aus dem 17. Jahrhundert.

An der westlichen Seite des Platzes Primaciálne námestie befindet sich der hintere Trakt des **Alten Rathauses*** ❸. Mit seinem Aussehen wirkt er altmodisch, aber in diesem Falle täuscht der Eindruck. Auch wenn er einem mittelalterlichen Haus gleicht, hat er nicht mehr als hundert Jahre. Man baute ihn im Jahre 1912 an Stelle des eingerissenen Kerkerflügels des Rathauses, der an seiner Front das monumentale illusionäre Fresko von Fossati trug, das die Front eines prunkvollen Palais imitierte.

1

An der östlichen Seite bilden heute Gebäude mit Eingängen von der Uršulínska oder Klobučnícka Straße den Abschluß des heutigen Platzes Primaciálne námestie. **Klobučnícka Straße** entstand in der verlängerten Längsachse des Platzes Primaciálne náme-

2

Mittelalters das **jüdische Ghetto** mit einem Bethaus. Die jetzige Nedbalova Straße entstand als Schanzgässchen der mittelalterlichen Stadt entlang des östlichen Abschnittes der Stadtbefestigung Gegenüber dem Eingang zum Schulgebäude, in Nähe der Kreuzung mit der Klobučnícka Straße, ist ein Rest der **Stadtmauern*** ❺ so erhalten, wie sie etwa im 15. Jahrhundert ausgesehen haben.

Die **Uršulínska Straße** verbindet Laurinská Straße und die Plätze Primaciálne námestie und Námestie SNP. Die östliche Seite der Uršulínska Straße hat eine zusammenhängende Bebauung, die der Klosterkomplex mit der **Kirche der Ursulinen*** ❻ in ihrer westlichen Ecke ist.

stie. Dominantes Gebäude der Klobučnícka Straße ist das neubarocke Mietshaus **Nummer 2** aus dem Jahre 1910. Im Hof des eleganten vierstöckigen Gebäudes mit Mansardendach versteckt sich das sog. **Hummelhaus***** ❹. Im Schatten der umgebenden hohen Gebäude kauert ein malerisches, fälschlicherweise für das Geburtshaus von **Johann Nepomuk Hummel** (1778-1837) gehaltenes, Renaissancehäuschen. Dieser weltbekannte Komponist und Pianist wurde am 14. November 1778 in dem bis zum Jahre 1910 davor stehenden Haus geboren. Das sog. Hummelhaus ist jetzt Bestandteil der **Musikausstellung** des Städtischen Museums, die Hummels Leben und Werk und die ungewöhnlich reiche Musikvergangenheit von Bratislava dokumentiert.

Um die heutige **Nedbalova Straße**, die senkrecht die Klobučnícka Straße kreuzt, stand während des

❶ Deckenmalerei in der Kapelle des Hl. Ladislaus
❷ Handwerker auf dem Platz Primaciálne námestie ❸ Hummel-Haus
❹ Fußgängerzone auf dem Platz Primaciálne námestie

1

2

Burg und Vorburg

1 Burg Bratislava im 14. Jahrhundert **2** Burg Bratislava
3 Großmährische Basilika **4** Panorama von Bratislava

Den monumentalen Bau der **Bratislavaer Burg******, der mit keinem anderen Bauwerk in der Stadt verwechselt werden kann, sieht man aus weiter Ferne. Die markante, an einen umgedrehten Tisch erinnernde, Silhouette bemerkt jeder Besucher Bratislavas. Die Erhabenheit der Burg wird noch vom Berg darunter bekräftigt, der sich 85 Meter über der Donau erhebt.

Der Burgberg erfüllte im System der Großmährischen

Burgstätten eine ganz besondere Funktion. Im letzten Drittel des 9. Jahrhunderts stand hier eine bedeutende Burgstätte, die auch in den Salzburger Annalen im Zusammenhang mit der blutigen Schlacht zwischen den Bayern und den Alten Ungarn erwähnt wird. Im 11. und 12. Jahrhundert entstand auf dem Burgberg ein vorromanischer **Steinpalast ❶**. Die Befestigung des Burgberges knüpfte an das Schutzsystem der Großmährischen Burgstätte an. Während der zweiten Hälfte des 13. Jahrhunderts bekam die Árpáden-Burg allmählich ihr endgültiges Aussehen, das bis zum gotischen Umbau in der ersten Hälfte des 15. Jahrhunderts zur Zeit König Sigismunds erhalten blieb. Der groß angelegte Burgumbau begann 1423 noch zur Zeit Sigismunds von Luxemburg und war bei seinem Tod im Jahr 1437 noch nicht beendet. Ergebnis des Umbaus war eine gotische Burg, in der Literatur als Sigismunds Burg bezeichnet. Man befestigte die Burgmauern mit zwei halbkreisförmigen Kanonenbasteien. Die nördliche bekam den Namen **Luginsland ❷**. Bis heute bildet sie ein dominierendes architektonisches Element der Burg, das von den Plätzen Hodžovo námestie und Župné námestie gut erkennbar ist. Auf dem steilen Hang Richtung Donau, wurde ein neuer Burgeingang angelegt, das **Sigismundtor ❸**.

1

2

Der als Pálffyumbau bezeichnete Burgumbau fand zur Zeit der abklingenden Renaissance statt. Nach einem großen Plan sollte der prunkvolle **Burgpalast ❹** mit dem gesamten Areal und der Vorburg zu einer mächtigen Festung mit einem komplizierten System von Bastionen und Schutzwällen umgebaut werden, die die Form eines ungleichmäßigen siebenzackigen Sterns haben sollte. Vom großzügig aufgefassten Projekt wurde,

3

1 Rokokotreppenhaus des Burgpalastes **2** Innenhof des Burgpalastes **3** Aussicht vom Krönungsturm **4** Sigismund-Tor **5** Bastei Luginsland

unter der Leitung des italienischen Baumeisters Joseph Priami, nur ein geringfügiger Teil umgesetzt. Das einzige was während der zweiten Hälfte des 17. Jahrhunderts zugebaut wurde, waren zwei Kanonenbastionen. Im Jahr 1674 bohrte man in die südwestliche Bastion einen langen Tunnel, der als Eingangstor diente. Zu Ehren des damaligen Herrschers gab man ihm den Namen **Leopoldtor** ❺. Dieser architektonisch unansehnliche Eingang erwies sich bald als ungünstig und schlecht situiert. Man mauerte ihn zu und begann mit dem Bau eines neuen, architektonisch prunkvolleren Eingangstores. Eine günstigere Lage am westlichen Rand des Burgberges wurde gewählt. Da zum Tor die Straße aus Wien führte, bekam es den Namen **Wiener Tor** ❻. Dieses, an antike Triumphbogen erinnernde Tor, wurde feierlich zur Krönung Karls III. im Jahr 1712 eröffnet.

Die letzte Etappe großer Umbauten der Preßburger Burg geschah unter der Regie

Theresianum. Das wunderbare Rokokopalais von kleinen Ausmaßen war der Sitz des Statthalters Fürst Albert von Sachsen-Teschen. Er bekam diese Funktion Dank seiner Heirat mit Erzherzogin Marie Christine, der Tochter von Maria Theresia. Im Mai 1811 brach auf der Burg ein vernichtendes Feuer aus, das bald auch die Straßen der Vorburg erreichte. Ganze 150 Jahre lang geschah mit der riesigen abgebrannten Burgruine nichts. Viele Jahrzehnte lang hatten die Menschen das traurige Bild des jahrhundertealten Stadtsymbols vor Augen. Die wichtigste Etappe der Burgerneuerung war im Jahr 1968 beendet. Im Areal der Burg

von Maria Theresia. 1765 war die **Theresienburg** bereit dem königlichen Hof zu dienen. Zur südlichen Stirnwand kamen zwei barocke Wachstuben hinzu, wodurch auf der Terrasse ein sog. **Ehrenhof** ❼ entstand. Das interessanteste Objekt wurde nach 1768 an die östliche Palaststirnwand angebaut. Später gab man ihm den Namen

von Bratislava sind der Öffentlichkeit mehrere Räume zugänglich. Hier befinden sich die Dauerausstellungen des **Slowakischen Nationalmuseums**.

❶ Burg zu Beginn des 19. Jahrhunderts ❷ Brand der Burg im Jahr 1811 ❸ Die Burg heute

3

1 und 2 Rathaus der Vorburg

Der Westteil der Altstadt

Der westliche Teil der Altstadt unterscheidet sich wesentlich von den anderen Stadtteilen. Seine Villenviertel breiten sich auf den Hügeln des Vorgebirges der Kleinen Karpaten aus. Auf dem flachen Hügel am südöstlichen Rand liegt die Bratislavaer Burg, auf den Ost- und Südhängen die **Vorburg**.

Im oberen Teil der Vorburg richtet sich unsere Aufmerksamkeit auf einige Objekte in den Straßen Beblavého, Židovská, Mikulášska Straße und Zámocké schody. Wir beginnen mit dem Haus am unteren Ende der Židovská Straße, das mit Recht für eines der schönsten von ganz Bratislava gehalten wird. Das eindrucksvolle **Haus zum guten Hirten***** (Židovská Straße Nr. 1) ist mit seiner auffallend schmalen Form eines der bedeutendsten Beispiele der Rokokoarchitektur in Bratislava. Der Name stammt vom

Hauszeichen an der Straßenecke, das die Form einer kleinen Christusfigur hat – dem guten Hirten. Das Haus wurde um 1760 gebaut. Seit 1975 befindet sich im Haus zum guten Hirten die einzigartige **Sammlung historischer Uhren** des Stadtmuseums. Interessant ist auch die Sammlung tragbarer Sonnenuhren aus dem 16. bis 18. Jahrhundert. Ein Besuch der **Zsigray Kurie**** (Haus Nr. 17) bringt uns die Geschichte und Kultur der jüdischen Gemeinde in Bratislava und der Slowakei näher. Im Haus befindet sich die Ausstellung des Museums jüdischer Kultur in der Slowakei. Am Hang des Burgberges über der Mikulášska Straße steht die **St. Nikolaus Kirche**. Seit 1950 dient die St. Nikolaus Kirche den orthodoxen Gläubigen.

Vom Haus zum guten Hirten führt die Beblavého Straße den Burgberg hinauf. Am unteren Straßenende steht das spätbarocke **Haus Nr. 1**** vom Ende des 18. Jahrhunderts. Seit 1974 befindet sich darin die **Kunstgewerbeausstellung** des Stadtmuseums. Ausgestellt werden Arbeiten verschiedener Kunsthandwerke, wie liturgische Gegenstände, Glas, Porzellan, Möbel, Schmuck, Spielsachen und Gebrauchsgegenstände. Im oberen Teil der Stiege Zámocké schody, die an Beblavého Straße anknüpft, stehen zwei Renaissancehäuser vom Anfang des 17. Jahrhunderts.

Die runden Bratislavaer Hügel erstrecken sich von der Štefánikova Straße bis zum Tal Dolná Mlynská dolina und waren jahrhundertelang ein Land der Weinberge und verstreuter Winzerhäuschen. Erst während der ersten Hälfte des 20. Jahrhunderts gab man diesem attraktiven Raum eine neue Funktion. Aus den Wegen zwischen

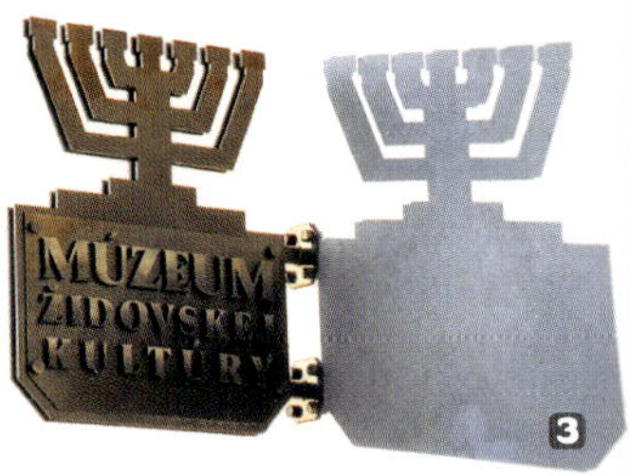

den ehemaligen Weinbergen wurden Straßen, die mit eleganten Villen bebaut wurden. Es entstand ein Viertel der Gesellschaftselite von Bratislava, heute eines der teuersten und luxuriösesten der Stadt. Hauptstraße ist die Mudroňova Straße. Ursprünglich hieß sie

1 Haus zum guten Hirten 2 Stirnwand des Museums der Kunsthandwerke 3 Jüdisches Museum 4 Platz Rybné námestie vor 100 Jahren 5 Die Vorburg heute

1

Kaiserweg. Neben der Burg steht auf dem Berg Vodný vrch das moderne Gebäude des **Nationalrats der Slowakischen Republik****. Es wurde im Mai 1994 eröffnet, bis zu dieser Zeit siedelte das höchste gesetzgebende Organ im Gebäude des ehemaligen Komitatshaus auf dem Platz Župné námestie.

Am oberen Ende der Mudroňova Straße erhebt sich im

2

Nordosten die Erhebung **Murmannova výšina***. 1952 wurde hier das Haus junger Naturwissenschaftler und Techniker errichtet. Die Einrichtung dient auch heute Kindern und wird von der Organisation Ekoiuventa betrieben. Vom Gebäude der **Ekoiuventa** führt uns die Stará vinárska Straße zur Nachbarerhebung (252 m ü.d.M.), auf der das monumentale **Denkmal Slavín**** mit einem Friedhof steht. An diesem Ort sind 6 845 Sowjet-

4

5

3

soldaten begraben, die bei der Befreiung der Stadt und ihrer Umgebung gefallen sind.

1 und **3** Burg Bratislava von Slavín aus
2 Hügel Bratislavské vŕšky im 19. Jahrhundert
4 Slavín
5 Gedenktafel auf Slavín

1

Der Nordteil der Altstadt

Um die ehemaligen Stadtmauern entstanden mehrere Plätze. Der nördlichste von ihnen ist **Župné námestie**, im Osten mit dem benachbarten Hurbanovo námestie verbunden. Im Mittelalter stand an dieser Stelle die Siedlung St. Michael, die später die Gestalt einer Vorstadt annahm. Zu Zeiten der Türkenkriege ließ die Stadt selbst die Vorstädte abreißen, um so eine bessere Sicht auf die anrückenden Türken zu schaffen. Weder die Vorstadt um die gotische Kirche des Hl. Michael noch die Kirche selbst blieben davon verschont. Man riß sie im Jahre 1529 ab. Direkt auf ihren Trümmern ließ sich der Orden der **Trinitarier** eine der schönsten **Barockkirchen***** der Stadt bauen.

Schon während der Kirchenweihe erfolgte an der Stelle des benachbarten Friedhofes der Bau des **Klosters der Trinitarier**. Nach dem Weggang der Trinitarier bot man das Klostergebäude der Komitatsverwaltung an. Dem neuen Zwecke entsprach es aber nicht und so ließ man es nahezu völlig abreißen und errichtete an seiner Stelle im Jahre 1844 ein neues **Komitatshaus****,

1 Präsidentenpalais 2 Portal der Trinitarierkirche 3 Trinitarierkirche

das der zentralen Behörde des Preßburger Komitats diente.

In den Jahren 1939 bis 1994 tagten hier die gesetzgebenden Organe. Ab 1945 wurde das ehemalige Komitatshaus Sitz des **Slowakischen Nationalrates** (ab 1992 Nationalrat der Slowakischen Republik). Seit 1994 tagt das slowakische Parlament im neuen Gebäude auf dem Berg Vodný vrch. Die kürzeste, westliche Seite des dreieckigen Župné námestie bildet die Giebelseite der, dem Hl. Stephan von Ungarn geweihten, **Kapuzinerkirche****. Im Jahre 1717 weihte der Nitraer Bischof L. A. Erdödy die Kirche der Kapuziner. Im Jahre 1735 wurde ein Teil der Kirche abgerissen und umgebaut. Den Raum vor der Kirche der Kapuziner schmückt eine **Pestsäule**.

Die Umgebung der **Panenská Straße** nahm Ende des 17. Jahrhunderts die Preßburger Protestanten auf. Im Jahre 1672 nahm man ihnen die beiden Kirchen im Zentrum der Stadt und eine spezielle kaiserliche Komission

1

verbot ihnen später die Ausübung der evangelischen Gottesdienste im Stadtinnern. Man verwies sie auf die nördliche Vorstadt, auf das dünn besiedelte Gebiet zwischen den Toren Suché mýto und Kozia brána. Der Bau der neuen **Großen evangelischen Kirche**** auf der Panenská Straße erfolgte in den Jahren 1774 bis 1777. Der Autor des Entwurfes M. Walch versuchte frei die ursprüngliche evangelische Kirche neben dem Alten Rathaus nachzuahmen. Sie trägt klassizistische Stilelemente. Das außen blockförmige Gebäude teilen im Inneren prismenförmige Pfeiler in drei Schiffe.

Das Innere zeichnet sich durch eine ausgezeichnete Akustik aus und wird für Konzerte genutzt. Ein Jahr nach der Eröffnung der Großen evangelischen Kirche bauten sich auch die ungarischen und slowakischen Protestanten ein gemeinsames Bethaus. Die **Kleine evangelische Kirche**** in der Panenská Straße entstand anstelle der abgerissenen hölzernen Artikularkirche im Jahre 1682. Es ist ein ebenso einfacher, bei den evangelischen Kirchen üblicher Bau.

Die **Konventná Straße** ist eng mit dem

1 Kapuzinerkirche und Detail der Säule vor der Kirche 2 Evangelisches Lyzeum 3 Konventná Straße

evangelischen Schulwesen in Preßburg verbunden, das bis in das Jahr 1606 reicht. Anfang des 18. Jahrhunderts war die Preßburger protestantische Gemeinde eine der zahlreichsten in Ungarn. Es bekannten sich ca. 7 Tausend Gläubige aller drei Nationalitäten zu ihr. Im Jahre 1714, direkt nach dem Abklingen der Pestepidemie, berief sie **Matej Bel** (1684-1749) auf ihr **Lyzeum*****, der in seiner Kindheit für kurze Zeit zu dessen Studenten gezählt hatte. Er wurde später der erste Pfarrer der deutschen evangelischen Gemeinde und Rektor des Lyzeums. Wegen seiner großen wissenschaftlichen Verdienste bezeichnete man ihn auch als Magnum Decus Hungariae (große Zierde Ungarns).

Dominanter Bau des Hodžovo námestie ist das, als Gartenpalais für Anton Grassalkovich erbaute, **Präsidentenpalais***** mit einem Ziergarten. Der Bau des herrlichen Rokokopalais entstand hinter der Stadt, zwischen Stadt und Garten des erzbischöflichen Sommerpalais. Erbaut wurde es für den Vorsitzenden der Königlich-Ungarischen Hofkammer, den Hüter der Krone und Obergespan des Komitats Novohrad Anton Grassalkovich. Das zentrale architektonische Element des Palais ist der mittlere Pavillon, von dem nach den Seiten zwei Flügel abgehen. Vor dem Palais befindet sich ein **Ehrenvorhof**, vom Platz durch eine eindrucksvolle schmiedeeiserne Einzäunung mit zwei vergoldeten Toren getrennt.

Die **Štefánikova Straße** mit ihren angrenzenden Straßen ist mit mehreren repräsentativen Wohnhäusern bebaut, die die breite Palette der neuzeitlichen architektonischen Elemente dokumentieren. Auf der östlichen Straßenseite befindet sich das **Karácsonyi Palais*** (Haus Nr.2) mit einer neobarokken Fassade. Man errichtete es am Ende des 19. Jahrhunderts, später wurde es zu einem Verwaltungsgebäude umgebaut. Zwischen Spojná und Leškova Straße befinden sich an der östlichen Seite der Štefánikova Straße einige exklusive, im neuen Stil errichtete, **Familienvillen**, die Ende des 19. Jahrhunderts am westlichen Rande des erzbischöflichen Gartens entstanden.

1 Ecke der Straßen Štefánikova und Tolstého 2 Matej Bel 3 Detail des Tores am Präsidentenpalais 4 Präsidentenpalais 5 Friedensspringbrunnen 6 Garten des Präsidentenpalais

4

Eine der schönsten baute man im Jahre 1891 für den Stadtarzt B. Tauscher. Die **Tauschervilla*** an der Ecke Spojná und Štefánikova Straße ist ein schönes Beispiel für einen Pseudorokokobau.

Zwischen den Villen hat man nur einen unbedeutenden Blick auf den ausgedehnten, der Öffentlichkeit nicht zugänglichen Park. Er ist Bestandteil des Areals des Regierungsamtes der Slowakischen Republik. Der Park mit hochgewachsenen Bäumen befindet sich an der Stelle des ehemaligen **erzbischöflichen**

5

6

Gartens, der sich von der heutigen Štefánikova Straße bis zum jetzigen Námestie Slobody erstreckt. Zusammen mit dem erzbischöflichen Garten überlebte auch das **erzbischöfliche** **Sommerpalais** im oberen Teil des Námestie Slobody seine guten und schlechten Zeiten. Heute hat das **Regierungsamt der Slowakischen Republik**** in dem Palais seinen Sitz.

1 Regierungsamt 2 Nationalbank 3 Panorama des heutigen Bratislava
4 Platz Námestie SNP zu Beginn des 20. Jahrhunderts 5 Alte Markthalle vor 100 Jahren und heute

Der Ostteil der Altstadt

Ins östliche Zentrum führen vor allem die Schritte von kauflustigen Einwohnern und Besuchern Bratislavas. Hier finden nen der größten nationalen, antifaschistischen Aufstände Europas, der Ende August 1944 in der Mittelslowakei ausbrach. Das monumentale **SNP Denkmal*** mit den drei Bronzestatuen Uršulínska Straße, steht ein Gebäude, das in den Jahren 1922 bis 1925 für die **Tatrabank*** (Haus Nr. 33) gebaut wurde. Den Abschluß des SNP Platzes Richtung historisches Zentrum bildet

4

sie die meisten Geschäfte, Einkaufszentren und Kaufhäuser. Der belebteste Ort von Bratislava ist der **Platz des Slowakischen Nationalaufstandes** (SNP). Der heutige Name SNP Platz gilt ab dem Jahr 1962. Er erinnert an ei-

von Ján Kulich erinnert an dieses bedeutende Ereignis der Slowakischen Neuzeitgeschichte.

Im oberen Teil des SNP Platzes steht das große Gebäude der **Hauptpost*** (Haus Nr. 34-36). Unterhalb der alten Post, an der Ecke

das unter dem Namen **Manderla*** (Haus Nr. 23) bekannte Hochhaus. Mit seinen elf Stockwerken war es der erste „Wolkenkratzer" von Bratislava, der sich lange auf dieser Position behaupten konnte. Er wurde im Jahr 1935 für den

5

Fleischgroßhändler Rudolf Manderla gebaut.

Die kürzeste, nordwestliche Seite des dreieckigen SNP Platzes wird von der neoromanischen **Kalvinisten Kirche*** mit einem hohen Turm beherrscht. Sie wurde 1913 nach einem Entwurf des Architekten F. Wimmer gebaut. Das größte Objekt an der nordöstlichen Seite sind **Kirche** und **Kloster der Barmherzigen Brüder****.

Vom SNP Platz führt Richtung Nordosten die Špitálska Straße. Der Name hängt damit zusammen, daß sich hier seit dem Mittelalter Spitäler befinden. Im Jahr 1307 schloß der Stadtrat einen Vertrag mit dem Orden der Antoniter über die Verwaltung des früher erbauten Spitals östlich der Stadt. Das St. Antonius Spital stand zuerst gegenüber der St. Ladislaus Kirche. Im Jahr 1397 wird das St. Ladislaus Spital erwähnt, das gegenüber dem St. Antonius Spital stand. Beherrscht wird der Komplex von der **St. Ladislaus Kirche****. Einige Meter von der St. La-

1 Manderla 2 Löwenspringbrunnen 3 Kirche des Hl. Ladislaus 4 Comenius Universität 5 Kirche der Elisabethinerinnen 6 Entenspringbrunnen

dislaus Kirche entfernt steht die **Kirche** und das **Kloster der Hl. Elisabeth****.

Das neue Viertel vor der Alten Brükke bekam im Jahr 1913 auch Dank der Initiative der Gräfin G. M. Szapáry eine neue Kirche. In der Bezručova Straße entstand die schöne **Elisabeth Kirche*****, die bei den Bratislavaern besser als Blaue Kirche bekannt ist. Sie ist ein glänzendes Beispiel für die Anwendung des Jugendstils in sakraler Architektur.

Der Platz **Šafárikovo námestie** entstand im Jahr 1891 im Zusammenhang mit der Eröffnung der ersten Brücke über die Donau. Der Šafárik Platz wird von Gebäuden verschiedener Baustile umgeben. Zu den neuesten Objekten gehört die **Comenius Universität*** (Haus Nr. 5). Sie wurde im Jahr1930 als Börsenpalast nach dem siegreichen Projekt des Architekten F. Krupka gebaut.

1

Bratislava Kai

Heute ist das Gebiet des Bratislavaer Kais zwischen dem historischen Zentrum und dem linken Donauufer ein Ort für angenehme Spaziergänge, für Besuche von Museen und Galerien oder Aufenthalt in Cafés oder Restaurants auf Booten, die auf dem Fluß ankern. Eine ideale Fußgängerstrecke führt von der Alten Brücke stromauf bis zum in der Nähe der Brücke Lanfranconi gelegenen Botanischen Garten.

Der erste Abschnitt der Uferpromenade führt den Kai **Fajnorovo nábrežie** entlang, benannt nach dem slowakischen, literarisch tätigen, evangelischen Bischof Dušan Fajnor (1876-1933). Der Entstehung des Kais ging der Bau der ältesten von den gegenwärtigen vier Bratislavaer Brücken über die Donau voraus, die

2

1 Detail des Ganymed-Springbrunnens

2 Slowakisches Nationalmuseums

3 Hafen Bratislava zu Beginn des 20. Jahrhunderts

3

heute **Starý most**** [Alte Brücke] genannt wird. Die Brücke wurde einen Tag vor Silvester des Jahres 1890 feierlich eröffnet. Für 83 Jahre blieb sie die einzige Donaubrücke in Bratislava. An der Gabelung der Kais Fajnorovo und Vajanského nábrežie befindet sich das Gebäude des **Slowakischen Nationalmuseums****. Man baute es in den Jahren 1924 bis 1928 für den Bedarf der Prager Zweigstelle des Agrarmuseums. Gegenwärtig befindet sich in dem Gebäude die Naturkundeausstellung des Slowakischen Nationalmuseums.

Den Raum vor dem Slowakischen Nazionalmuseum schmückt das monumentale **tschechisch-slowakische Staatsdenkmal***. Man enthüllte es am 28. Oktober 1988. Auf einer nahezu fünfzehn Meter hohen Säule befindet sich die Bronzeplastik eines Löwen, der sich auf das Staatszeichen der ehemaligen Tschechoslowakei stützt. Am östlichen Ende des Kais Fajnorovo nábrežie befindet sich seit dem Jahre 1965 der **Personenhafen Danubius***. Er dient den Interessenten an einer Ausflugsfahrt auf der Donau.

Vajanského nábrežie [Vajanský Kai] ist nach dem slowakischen Politiker, Journalisten und Schriftsteller S. H. Vajanský (1847-1916) benannt. Das sowohl historisch wie auch architektonisch interessanteste Gebäude am Kai Vajanského nábrežie ist das **Jurenák Palais*** (Haus Nr. 4). Im neoklassizistischen Gebäude des Patriziers K. Jurenák aus dem Jahr 1860 war der Komponist **Johannes Brahms** (1833-1897) während seines Preßburger Aufenthaltes untergebracht. Am Gebäude der Slowakischen Philharmonie erweitert sich der Kai zum, mit eleganten Gebäuden versehenen, Platz **Námestie Ľudovíta Štúra**. Er ist nach der führenden Persönlichkeit der slowakischen nationalen Wiedererweckung **Ľudovít Štúr** (1815-1856) benannt. Bis zum Jahre 1939 nannte man ihn Krönungsplatz, denn er war Schauplatz der Schlusszeremonie der Krönungsfeierlichkeiten.

Gegenwärtig steht in der Mitte des Platzes das **Denkmal von Ľudovít Štúr***. Man errichtete es im Jahr 1972. An der östlichen Seite des Platzes befindet sich das **Lanfranconi Palais*** (Haus Nr. 1). Man errichtete es in

1

der zweiten Hälfte des 19. Jahrhunderts an Stelle eines ehemaligen Salzamtes. Das Gebäude benutzt gegenwärtig das Umweltministerium der SR. Gegenüber steht das **Dessewffy Palais*** (Haus Nr. 2). Es entstand in der zweiten Hälfte des 19. Jahrhunderts und wurde nach seinem späteren Eigentümer Graf Dessewffy benannt.

Die kurze Mostová Straße verbindet den Platz Námestie Ľudovíta Štúra mit dem Platz Hviezdoslavovo námestie. Sie entstand nach der Regulierung der Donau. Ursprünglich führte sie zu der Pontonbrücke Karolina Augusta, was auch ihre heutige Bezeichnung erklärt. Zeitdokumente führen an, daß in dieser Straße irgendwann das Hotel Zum König von Ungarn stand. Heute beherrscht sie

2

1 Krönungshügel 2 Redoute vom Platz Námestie Ľ. Štúra aus
3 Platz Námestie Ľ. Štúra námestie vor 100 Jahren

3

1

das Gebäude **Reduta****. Es wurde in den Jahren 1911 bis 1915 nach Plänen der Budapester Architekten M. Komor und D. Jakab gebaut. Die monumentale Silhouette dieses eleganten Bauwerkes versucht die Grundform des älteren Gebäudes der Landes-Kornkammer zu kopieren, das an dieser Stelle in den Jahren 1773 bis 1774 nach den Plänen von F. A. Hillebrandt errichtet wurde. Heute ist die Reduta Heimstätte der **Slowakischen Philharmonie**. Der Konzertsaal der Reduta erlebte Konzerte einheimischer und ausländischer Spitzenorchester und ausgezeichneter Solisten der verschiedenen Genres der ernsten Musik. Höhepunkte der Konzertsaison sind die herbstlichen **Bratislavaer Musikfesttage**.

Der vom Platz Námestie Ľudovíta Štúra zur Neuen Brücke führende Kai **Rázusovo nábrežie** [Rázus Kai] begann sich erst im 18. Jahrhundert an der Stelle abzuzeichnen, wo sich vordem die durch Überschwemmungen geplagte Fischersiedlung befand. Zu einem umfangreichen Ausbau kam es ab der Hälfte des 19. Jahrhunderts. Damals trug er die Bezeichnung Dunajské nábrežie. Heute ist er nach dem slowakischen Dichter, Schriftsteller

1 Slowakisches Nationaltheater **2** Slowakische Nationalgalerie

2

und Politiker Martin Rázus (1888-1937) benannt. Die ältesten Gebäude am Kai Rázusovo nábrežie sind die ehemaligen Wasserkasernen. In den Jahren 1949 bis 1951 richtete man das Gebäude für die Bedürfnisse der **Slowakischen Nationalgalerie**** (SNG) her.

Der Platz Hviezdoslavovo námestie gehört zu den schönsten und lebhaftesten Plätzen in der Stadt. Das repräsentativste Gebäude am Platz Hviezdoslavovo námestie ist das **Slowakische Nationaltheater*****. Das elegante eklektische Theatergebäude verschönt die Stadt seit dem Jahre 1886. Der freie Raum vor dem Gebäude des Slowakischen Nationaltheaters gehört dem **Ganymed-Springbrunnen****. Der Springbrunnen ist ein Geschenk der Ersten Preßburger Sparkasse an die Stadt. Der Ganymed-Springbrunnen ist nicht das einzige Kunstwerk auf der rechteckigen Fläche des Platzes Hviezdoslavovo námestie. Zu seinen Dominanten gehört auch das **Hviezdoslav Denkmal mit Springbrunnen***.

1

Im südöstlichen Teil verbreitert sich der Platz Hviezdoslavovo námestie zu einer kleinen viereckigen Fläche mit einem Park. Der kleine Park war am 25. März 1988 zusammen mit der angrenzenden Fläche des Hviezdoslavovo námestie Schauplatz der denkwürdigen **Kerzendemonstration**, die schon damals die Unzufriedenheit der Bevölkerung mit dem kommunistischen Regime signa-

2

1 Uhr am Hotel Carlton 2 Platz Hviezdoslavovo námestie 3 Ganymed-Springbrunnen 4 Hviezdoslav Denkmal, Hotel Carlton 5 Slowakisches Nationaltheater

lisierte. Die ruhige Protestversammlung, der mit brennenden Kerzen in den Händen betenden Gläubigen, trieb das Regime gewaltsam mittels Sicherheitskräften unter Verwendung von Wasserwerfern auseinander.

1

AUSFLÜGE AUS DER ALTSTADT

Am nächsten zum Zentrum befindet sich der Stadtteil **KARLOVA VES**. Zu den besuchtesten Plätzen in Karlova Ves gehören der **Botanische*** und **Zoologische Garten****. Am nordwestlichen Rand von Bratislava dehnt sich der Stadtteil **DEVÍNSKA NOVÁ VES** aus. Seine Westgrenze ist auch gleichzeitig Staatsgrenze mit Österreich, die stromab entlang der March führt.

Eine einzigartige und aus Sicht der Flora und Fauna sehr interessante Lokalität ist das Nationale **Naturreservat Devínska Kobyla****. Es erstreckt sich auf den südlichsten Teilen der Devíner Karpaten auf einer Fläche von 101 Hektar zwischen Devínska Nová Ves, Dúbravka und Devín. Durch

1 Burg Devín 2 Dinopark im ZOO 3 Braunbär im ZOO

das nationale Naturreservat führt ein vier Kilometer langer **Lehrpfad**. Auf der Strecke sind sieben thematische Haltestellen mit Informationstafeln. Die interessanteste Lokalität des Nationalen Naturreservates Devínska Kobyla ist der abgedeckte Sand auf dem Gipfel **Sandberg****. Es finden sich hier Gesteinsschichtenreste des Tertiärmeeres mit waagerecht gelagerten Schichten, deren Alter man auf 14 bis 16 Millionen Jahre schätzt. Im Juni 1996 eröffnete man für die Öffentlichkeit einen weiteren Lehrpfad. Der neue **Lehrpfad der Marchauen** führt am Fluß March von Devín über Devínska Nová Ves bis zur Gemeinde Vysoká pri Morave. Auf einer Streckenlänge von 23 Kilometern befinden sich 16 Informationstafeln.

Der Stadtteil **DEVÍN** liegt unter der gleichnamigen Burg am Zusammenfluß von Donau und March. Vom Bratislavaer Zentrum ist er 10 Kilometer entfernt. Die Gemeinde mit der Burg befindet sich am Eintritt der Donau ins Tor Devínska brána.

Die auf dem mächtigen Felshügel über dem Zusammenfluß von Donau und March stehende **Burg Devín****** ist eine ungewöhnlich reizvolle Landschaftsdominante. Sie ist nationales Kulturdenkmal. Sie hat einen sehr unregelmäßigen Grundriss, der der Form des

1 Sandberg 2 Fluss March 3 Jungfrauenturm 4 Frühling in Devín

3

Burgfelsens angepaßt ist. Heute erreicht man das Burgareal durch das westliche Tor **Moravská brána** ❶. Das steinerne, durch zwei halbrunde Basteien geschützte, Tor erbaute man im 15. Jahrhundert auf einem älteren Großmährischen Wall. Ein Stück hinter dem Tor befindet sich rechts vom Fußweg ein seltenes archäologisches Denkmal aus der römischen Zeit der Geschichte Devíns. Die Überreste eines massiven **Steinbaues** aus dem 4. Jahrhundert erinnern mit ihrem Grundriß an eine antike Grabstelle. Es fanden sich Wandfragmente mit erhaltenem Verputz bis zu einer Höhe von 85 Zentimeter und der ursprüngliche Fußboden. Links vom Fußweg fanden sich in Nähe von Moravská brána altslawische Gräber aus dem 10. Jahrhundert. Auf dem Rücken des Burghügels gabelt sich der Weg. Der linke führt zu einem Platz, wo im 9. Jahrhundert eine **Großmährische Kirche** ❷ stand. Auf dem Boden ist ihr rechteckiger Grundriß mit der dreiblättrigen Apsis zu sehen und zur Ansicht dient auch ein verkleinertes Modell auf einem Sockel. Der rechte Fußweg führt zu den konservierten Rui-

4

nen des mittleren und oberen Teiles der **mittelalterlichen Burg**, die mit ihrer Ausdehnung nicht die Ausmaße der Großmährischen Burgstätte erreichte. In der ersten Hälfte des 15. Jahrhunderts baute man das gotische **Garay Palais** ❸ mit zwei Stockwerken. Im 16. Jahrhundert kamen ein **Renaissancepalais** ❹ und eine neue Befestigung hinzu. Einige Gewölbe dieses Palais werden heute zur **musealen Ausstellung**

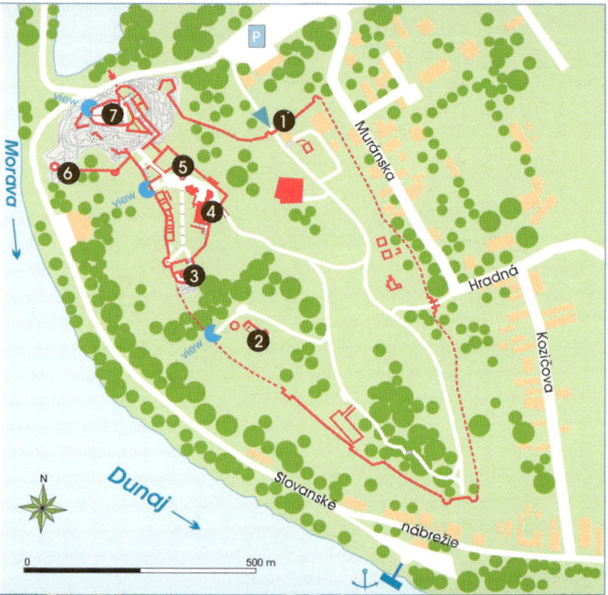

1 Burg Devín heute 2 Donau unter Devín 3 Waldpark Bratislava 4 Kamzík

2

3

genutzt. In den Zeitraum, als die Garays die Burg besaßen, fällt auch die Entstehung des **Burgbrunnens** ❺ mit einer Tiefe von 55 Metern, der sich im Innenhof der mittleren Burg befindet. Am Brunnen befindet sich eine Aussichtsterrasse mit Blick auf das verwahrloste **Amphitheater** an der Donau und auf den österreichischen Berg Braunsberg. In der herrlichen Szenerie des zweifarbigen Zusammenflußes von Donau und March hebt sich ein elegantes schmales Türmchen mit Zinnen hervor. Nach einer alten Sage heißt es **Panenská veža** ❻ [Jungfrauenturm]. Über die Brücke, über den im 16. Jahrhundert gegrabenen Burggraben, und über Stufen gelangt man auf die obere Plattform mit den Resten eines **Wachturmes** ❼ aus dem 13. Jahrhundert, den man im 15. Jahrhundert umbaute. Von der Plattform bietet sich ein panoramatischer Ausblick auf die Umgebung.

Der ausgedehnte Berg **Kamzík** (439 m) im Süden der Kleinen Karpaten ist ein viel besuchtes Ausflugsziel im Bratislavaer Waldpark. Über eine Asphaltstraße ist er von Koliba aus leicht zugänglich. Der Name entstand aus der Bezeichnung Gemsenberg [Gemse - Kamzík]. Hauptanziehungspunkt ist für Touristen der 200 Meter hohe **Fernsehturm**, der 1974 auf dem Gipfel des Kamzík gebaut wurde. Das rotierende Restaurant im Turm bietet Besuchern einen Rundblick, der bis zum Neusiedler See und den österreichischen Alpen reicht.

4

Nördlich von Nové Mesto liegt der Stadtteil **RAČA**. Vom Stadtzentrum ist er etwa 8 Kilometer entfernt. Im Westen schneidet das Gebiet tief in das Massiv der Kleinen Karpaten ein. Im Osten grenzt es an Vajnory. Die Geschichte von Rača ist eng mit dem **Weinbau** verbunden. Über die hiesigen Weinberge berichtet auch die älteste bekannte Urkunde aus dem Jahr 1237. Die mittelalterliche Blütezeit hing mit günstigen klimatischen Bedingungen zusammen. Das wärmere Klima ermöglichte die Verlegung der Weinberge in höhere Lagen der Kleinen Karpaten. Der Besuch von Rača ist eine gute Gelegenheit eine typische Winzergemeinde der Kleinen Karpaten in ihrer kaum veränderten Form kennenzulernen.

1 Rača 2 Weinlese in Rača 3 Trachten aus Vajnory 4 Gotischer Turm im Park Janka Krála 5 Galerie Danubiana 6 Herrenhaus in Rusovce

Der Stadtteil **VAJNORY** liegt am nordwestlichen Rand von Bratislava, etwa 10 Kilometer vom Stadtzentrum entfernt. Auch wenn Vajnory ein Stadtteil von Bratislava wurde, blieb sein traditioneller ländlicher Charakter erhalten. Im Jahr 1966 eröffnete man in einem der Häuser in der Roľnícka Straße eine völkerkundliche Ausstellung. Das **Volkshaus von Vajnory** (Haus Nr. 185) ist nicht nur repräsentatives Beispiel einer traditionellen Winzerbehausung, sondern bietet zugleich die Möglichkeit, wunderbare Werke der Volkskünstler und Handwerker zu bewundern.

RUSOVCE ist der größte der drei Stadtteile von Bratislava, die südlich von Petržalka liegen. Obwohl sein Gebiet schon in der alten Bronzezeit besiedelt war, kam es besonders in den vier Jahrhunderten unserer Zeitrechnung zu Ehren, als die Nordgrenze des Römischen Reiches bis zum mittleren Lauf der Donau reichte. Der Kataster des heutigen Rusovce befand sich in der römischen Provinz Pannonia und wurde von dem nahen Carnuntum verwaltet. Die Römer bauten hier das Heerlager **Gerulata** und bezogen es in das Verteidigungssystem Limes Romanus ein, der die Nordgrenze des Imperiums vor den Angriffen der Germanenstämme sicherte. Eine nähere Bekanntschaft mit der antiken Vergangenheit von Rusovce ermöglicht der Besuch der **Ausstellung des Städtischen Museums** (nur im Sommer geöffnet).

4

Architektonische Zierde von Rusovce ist das moderne, im Jahre 1840, an Stelle eines aus dem Jahre 1521 stammenden, erbaute **Kastell**. Sein anziehendes Aussehen verdankt es der Anwendung des romantisierenden Stiles, den die englische Gotik nachahmenden sogen. Windsortyp. Die Fassade des Kastells zieren Türmchen, Zinnen und ein mittlerer Risalit mit Terrasse. Den Raum vor dem Kastell vervollständigt eine **Löwenstatue** auf einer Säule. Bei dem Kastell dehnt sich ein weitläufiger **Park** aus.

5

Die in der Vergangenheit selbständige Gemeinde **ČUNOVO** (900 Einwohner) ist heute der weitab gelegenste Stadtteil hinter der Donau von Bratislava. Die wertvollsten kultur-historischen Denkmäler sind die klassizistische **Kurie** vom Ende des 18. Jahrhunderts und die im Jahre 1783 im spätbarocken Stil erbaute katholische **Kirche des Hl. Michael**. Neuzeitlicher touristischer Anziehungspunkt in der Umgebung von Čunovo ist das **Wasserkraftwerk Gabčíkovo**. Von der Gemeinde aus ist das nahe obere Wasserbecken zugänglich. Am Wasseraustritt in das alte Flußbett baute man ein modernes Sportareal für **Wassersport**. Eine weitere Attraktion wird die neu eingerichtete **Galerie Danubiana**.

6

Unterkunft

Crowne Plaza
Hodžovo nám. 2
☎ 5934 8111
www.ichotelsgroup.com

Radisson SAS Carlton Hotel
Hviezdoslavovo nám. 3
☎ 5939 0000
www.radissonsas.com

Hotel Danube
Rybné nám. 1
☎ 5934 0000
www.hoteldanube.com

Hotel Devín
Riečna 4
☎ 5443 3640
www.hoteldevin.sk

Hotel Perugia
Zelená 5
☎ 5443 1818
www.perugia.sk

Hotel Marrol's
Tobrucká 4
☎ 5778 4600
www.hotelmarrols.sk

Hotel Dukla
Dulovo nám. 1
☎ 5596 8922
www.hoteldukla.sk

PRAKTISCHE HINWEISE

Unterkunft

Offiziell werden Hotels in fünf Kategorien eingestuft. In unserem Buch haben wir die Unterkunftsmöglichkeiten wegen der besseren Übersichtlichkeit in der Altstadt in zwei Gruppen unterteilt – Luxushotels mit vier Sternen und Standardhotels mit drei Sternen. Ergänzt werden sie durch ausgewählte Einrichtungen mit dem besten Ruf in Nachbarbezirken der Altstadt.

Luxushotels verfügen über moderne technische Ausstattung und ein exklusives Interieur. Alle Zimmer haben Bad und WC, zur Ausstattung gehört ein Farbfernseher mit Sateliten- oder Kabelfernsehen, Radio, Kühlschrank, Telefon und ein Tresor. Im Zimmerpreis enthalten ist das Frühstück in Büffetform. Luxushotels bieten fast alle Arten der Hotelleistungen, wie Personal, spezielle Dienstleistungen für Handelsreisende und Geschäftsleute.

Unsere Auswahl aus dem Angebot der luxuriösen Unterkunftsmöglichkeiten beginnen wir mit dem rekonstruierten, legendären Hotel **Radisson SAS Carlton**, dem ältesten Hotel mit bester Lage und einer breiten Palette

an Dienstleistungen. Im Hotel befinden sich eine Sauna, ein Kraftraum, Fitnesscenter, Kongressräume, ein Restaurant mit hervorragenden gastronomischen Spezialitäten und ein Parkplatz sowie eine Tiefgarage. Zur Fünfsternevollkommenheit fehlt nur noch ein Swimmingpool. In diese erste Kategorie haben wir auch das Hotel **Devín** aufgenommen, dass sich direkt im historischen Zentrum am Donaukai befindet. Es handelt sich um ein älteres Hotel mit hochwertigen Relaxmöglichkeiten, sowie einem Gegenstrompool und einem Squashplatz. Im Hotel befindet sich ein vorzügliches französisches Restaurant, ein Café mit Restaurant, eine Bar, ein Kongresscenter und ein Luxussalon. Beide Hotels gehören zu den Symbolen von Bratislava und werden vor allem von Gästen geschätzt, die Wert auf Stil und Lokalität legen.

In Nachbarschaft des Hotels Devín steht das moderne Hotel **Danube** mit überdurchschnittlichem Dienstleistungsniveau (Autoverleih, bewachter Parkplatz, Garagen, Geschäfte, Coiffeur, Konfe-renzräume für 300 Personen usw.). Es ist Dank seiner hervorragenden Lage im Zentrum von Bratislava vor allem bei ausländischen Gästen beliebt. Für Geschäfts- und Dienstreisen ist das moderne Hotel **Crowne Plaza** ideal, das sich ebenfalls im Stadtzentrum befindet. Den Gästen stehen drei Restaurants, Cafés, ein Kasino, eine Bar, Nachtklub, Fitnesscenter, Sauna, Swimmingpool, Solarium und ein Kongresssaal zur Verfügung. **Perugia** ist der Name eines kleinern gemütlichen Hotels direkt in der Fußgängerzone im Stadtzentrum. Neben dem angenehmen Umfeld bietet es hervorragende gastronomische Spezialitäten. Einmalige Retro-Atmosphäre des beginnenden 20. Jahrhunderts findet man im Hotel **Marrol´s**, das eines der schönsten Interieurs hat. Es wird nicht nur von Geschäftsleuten besucht, für die das Hotel vor allem bestimmt ist, sondern auch Gästen, die die Atmosphäre und Qualität des klassischen Interieurs schätzen. Das italienische Restaurant Messina ist gut für ungestörte Treffen geeignet und rundet das gute Gesamtbild des kultivierten und gemütlichen Hotels ab.

In diese Hotelkategorie gehören auch zwei Hotels außerhalb der Altstadt. Das erste ist das Businesshotel **Holiday Inn**, im Osten von Bratislava. Es hat ein schlichtes modernes Äußeres und sticht vor allem als Kongressbasis und hervorragendes Catering hervor. Im Rahmen dieser Kategorie schlagen wir noch ein neues Hotel vor, das im westlichen Teil von Bratislava, direkt am Fuß der Burg Devín errichtet wurde – **Hradná brána**. Es wird vor allem von Kunden aufgesucht, die einen Abend in Bratislava außerhalb des belebten Zentrums in ruhiger Umgebung verbringen möchten.

In die Kategorie **Standardhotels** haben wir in der Regel Drei-Sterne-Hotels mit eleganter, bequemer und dem Standard entsprechender Einrichtung aufgenommen, die eine Vielzahl an Hotel- und weiteren Dienstleistungen für den persönlichen sowie berufli-

Hotel Tatra
Nám. 1. mája 5
☎ 5927 2111
www.hoteltatra.sk

Film Hotel
Vysoká 27
☎ 5293 1600
www.filmhotel.sk

Hotel No 16
Partizánska 16/a
☎ 5441 1672
www.hotelno16.sk

Holiday Inn
Bajkalská 25/a
☎ 4824 5111
www.holidayinn.sk

City Hotel Bratislava
Seberíniho 9
☎ 4341 1592
www.cityhotelbratislava.sk

Hotel Barónka
Mudrochova 2
☎ 4488 2089
www.baronka.sk

Hotel Hradná brána
Slovanské nábr. 15
☎ 6010 2511
www.hotelhb.sk

Hotel Ibis
Zámocká 38
☎ 5929 2000
www.ibiz-bratislava.sk

Hotel Arcus
Moskovská 5
☎ 5557 2522
www.hotelarcus.sk

Penzión Grémium
Gorkého 11
☎ 5413 1026
www.gremium.sk

Botel Gracia
Rázusovo nábr.
☎ 5443 2132
www.botel-gracia.sk

Botel Fairway
Nábr. arm. gen.
L. Svobodu
☎ 5441 4442
www.fairway.sk

Hotel Club
Odbojárov 3
☎ 4463 5737
www.hotelclub.sk

Hotel Sorea
Kráľovské údolie 6
☎ 5441 4442
www.sorea.sk

chen Bedarf ihrer Gäste bieten. Alle Hotelzimmer haben ein Bad mit WC und sind mit einem Farbfernseher, Radio, Kühlschrank und Telefon ausgestattet.

Exklusiv ist die Lage des Hotels **Ibis** direkt unter der Burg Bratislava, das zur französischen Kette Accor gehört. Das Dienstleistungsangebot ist für Handelsreisende maßgeschneidert. Ein paar Minuten vom belebten Zentrum entfernt, liegt unweit des Parks Medická záhrada das ruhige Hotel **Arcus**. Es ist ein Familienhotel und die angenehme Atmosphäre dieses Hotels ohne Restaurant schätzen Besucher, die keine riesigen Hallen der Megahotels mögen. Im stillen Villenviertel unterhalb der Burg Bratislava befindet sich inmitten einer grünen Oase das Hotel **No 16**. Dieses ruhige und erstklassige Hotel ist vor allem bei ausländischen Gästen beliebt. In der stillen Straße Vysoká ulica im Stadtzentrum steht das **Film Hotel**, in dem jedes Zimmer einem Filmstar gewidmet ist. Auf dem Weg zum Hotelrestaurant geht man zum Beispiel an Marilyn Monroe vorbei, um dann aus Gerichten und Speisen zu wählen, die nach Films oder Filmstars benannt wurden. Zu den Standardhotels gehört auch das über der Donau aufragende, rekonstruierte Hotel **Sorea**, das in einem der besten und schönsten Viertel unterhalb des Burgberges steht. Die nahen Botels **Gracia** und **Fairway** an der Donau, genießen ebenso einen guten Ruf und erweitern das Angebot in dieser Kategorie. Auch das Hotel **Tatra** am Präsidentenpalais gehört dazu.

Wir haben in diese Kategorie auch drei Hotels aufgenommen, die außerhalb der Altstadt liegen. Das erste ist das Hotel **Dukla**, das etwas östlich des Zentrums liegt. Nach einer umfangreichen Rekonstruktion bietet es Zimmer in mehreren Preislagen. Empfehlenswert ist auch das rekonstruierte **Club Hotel** das zur tschechischen Hotelkette Orea Hotels gehört. Es befindet sich in Nachbarschaft des Nationalen Tenniszentrums NTC und ist für Geschäftsleute sowie Touristen geeignet. Ein weiteres Hotel dieser Kategorie ist das Ho-

CROWNE PLAZA

BRATISLAVA

Hotel Crowne Plaza Bratislava dieses erstklassiges de luxe Hotel im Zentrum der Hauptstadt liegt direkt gegenüber dem Präsidentenpalais und bietet komfortable Unterkunft in 223 Zimmern sowie 14 moderne Konferenzräumen mit einer Fläche von 1200 m^2 und höchster technischer Ausstattung und eine exzellente Küche. Die Speisen im Crowne Plaza Bratislava sind eine unvergessliche Gaumenfreude. Das neue luxuriöse Fitnesscenter bietet Swimmingpool, Kraftraum, Sauna, Solarium und Massagen.

Penzión Zlatá Noha

PENZIÓN ZLATÁ NOHA

Pension Zlatá Noha ist nicht weit vom historischen Zentrum von Bratislava entfernt und befindet sich im Stadtteil Koliba. Die Pension liegt an einem Hang und bietet eine wunderbare Aussicht auf die ganze Stadt. Zur Pension Zlatá Noha gehören ein Reitstall und Pferde. Der Ausritt in die umliegende Natur garantiert ein einmaliges Erlebnis.

Pension Zlatá Noha

Bellova 2/a, 831 01 Bratislava

☎ +421 2 5477 4922, fax: +421 2 5465 1848, 0903 789 179, 0903 421 075, zlatanoha@stonline.sk

Restaurants

Preégo
Žilinská 4
☎ 0903 246 226

Zichy
Ventúrska 9
☎ 5441 8551

Reduta
Mostová 3
☎ 5443 5257

Savoyka
Obchodná 2
☎ 5443 2002

Slovenská reštaurácia
Hviezdoslavovo nám. 20
☎ 5441 6442

U Vodníka
Lovinského 11
☎ 5477 4277

Tempus Fugit
Sedlárska 5
☎ 5441 4357

Ludwig
Ventúrska 7
☎ 5464 8284

Traja mušketieri
Sládkovičova 7
☎ 5443 0019

Al Dente
Hodžovo nám. 3
☎ 5464 8057

Peoples Lounge Restaurant
Gorkého 1
☎ 5464 0777

tel **Barónka**, im nordöstlichen Teil von Bratislava am Fuß der Weinberge im Stadtteil Rača. Besucht wird es vor allem von Kunden, die einen Abend in Bratislava außerhalb des belebten Zentrums in ruhiger Umgebung verbringen möchten.

Essen und Trinken

Bevor man bei einem Besuch von Bratislava mit dem Probieren kulinarischer Köstlichkeiten beginnt, sollte man sich beraten lassen und etwas über die hiesigen Spezialitäten lernen. Auch wenn im Angebot vieler Restaurants ausländische Gerichte überwiegen, findet man auf fast jeder Speisekarte traditionelle slowakische Gerichte. Dazu gehört zum Beispiel Suppe mit Nockerln, Bratislavaer Gulasch oder Karpfen auf Müllerart. Unsere Empfehlung beschränkt sich nur auf Restaurants, Weinstuben und Cafés, die sich in der Altstadt befinden und den besten Ruf genießen.

Slowakische und mitteleuropäische Küche

Wer etwas Besonderes in schönem Ambiente kosten und sich ungestört unterhalten möchte, sollte zum Beispiel das Restaurant **Preégo** aufsuchen, das sich im breiteren Zentrum im hinteren Teil der Pyramide des Slowakischen Rundfunks befindet. Das kultivierte, moderne Interieur wird vor allem von Businesskunden bevorzugt. Zu den besten Einrichtungen im Stadtzentrum, zum Feiern von Festen und Jubiläen sowie Arbeitsessen, gehört das Restaurant **Zichy** im historischen Zichy Palais. Die hiesigen Spezialitäten für

Feinschmecker gehören zu den besten der Stadt. Barock- und Rokokoatmosphäre aus der Zeit Mozarts findet man im Luxusrestaurant **Reduta** mit einem großen Angebot an österreichisch-ungarischen Spezialitäten sowie internationaler Küche. Alle Gerichte sind nicht nur eine Gaumenfreude sondern zugleich eine Augenweide. Das nahe Restaurant **Savoyka** bietet ebenso verschiedene Delikatessen und die hervorragende Bedienung vollendet die angenehme Atmosphäre.

Das Restaurant **Slovenská reštaurácia** im traditionellen volkstümlichen Stil, authentischer Holzeinrichtung und typischen slowakischen Gerichten aus verschiedenen Regionen findet man auf dem Platz Hviezdoslavovo námestie. Die umfangreiche Speisekarte bietet eine große Auswahl an hervorragenden Gerichten wie zum Beispiel Krautsuppe, Bohnen- und Pilzsuppe, Kartoffelknödel, Nockerln mit Schafskäse und ein großes Angebot an Fischspezialitäten. Gemütliche Atmosphäre strahlt das ungarische Restaurant

Gazdovský dvor im Hotel Perugia aus. Ein Strohdach und stilvolle Dekoration sind eine gelungene Umgebung für die schmackhaften ungarischen Gerichte. Die Speisekarte bietet Fischsuppe Halászlé, Krautgerichte, Gulasch auf verschiedene Art, Paprikasch, aber auch pikante Spezialitäten aus unterschiedlichen hochwertigen Fleischsorten.

Liebhaber von Fischgerichten sollten das Restaurant **U Vodníka** besuchen. Hier gibt es hervorragend zubereitete Fische, Fischsuppen, Karpfen, Forelle auf verschiedenste Art und Meeresfis chspezialitäten. Hervorragenden Fisch und Steaks findet man auch im Restaurant **Tempus Fugit** in einem wunderbar rekonstruierten Haus aus dem 15. Jahrhundert im Stadtzentrum.

Exotische und internationale Küche

In den Genuss echter französischer Küche kommt man beim Besuch des Hotels Devín und seines **Französischen Restaurants**. Vollendet werden die vollkommenen Gerichte durch den Geschmack älterer Jährgänge französischer Weine, die sehr niveauvoll serviert werden. Auch das Restaurant **Ludwig** im Stadtzentrum sowie das stilvolle Restaurant **Traja mušketieri**, das an ein französisches historisches Gasthaus erinnert, bieten Speisen der französischen Küche und eine große Auswahl guter französischer Weine.

Das italienische Restaurant **Messina** im Hotel Marrol´s bietet echte italienische handgemachte Teigwaren, die besten italienischen Weine und eignet sich für ungestörte Treffen. Auf die bewährte italienische Küche setzt auch das Restaurant **Al Dente**. Die angenehme Atmosphäre und hervorragende Erreichbarkeit (im Tatracentrum gegenüber dem Präsidentenpalais) machen es zum idealen Treffpunkt für Arbeitsessen. Ein beliebtes Restaurant und ein typischer Treffpunkt von Geschäftsleuten ist auch das Restaurant **Paparazzi** im Stadtzentrum. Es verfügt über eine große Auswahl italienischer Gerichte und Weine.

Ein kulinarischer Streifzug durch Skandinavien, das Mittelmeer, Asien und Mitteleuropa ist die Speisekarte im attraktiven Restaurant **Le Monde** im Stadtzentrum. Verschiedene Gerichte zur Auswahl bieten auch das Restaurant **Peoples Lounge** in der Nähe des Slowakischen Nationaltheaters oder das Restaurant **Romeo e Giulietta** im Hotel Danube. Angenehm ist ein Besuch im **Chez David** im Stadtzentrum. Der Gast kann sich auf die hohe Qualität von Koschergerichten der originellen jüdischen Küche verlassen.

Paparazzi
Laurinská 1
☎ 5464 7971

Le Monde
Ventúrska 1
☎ 5922 7518

Chez David
Zámocká 13/a
☎ 54413824

Jasmín
Seberíniho 1
☎ 4341 1951

Kikaku sushi bar
Gorkého 6
☎ 5443 4783

Tokyo-sushi bar
Panská 27
☎ 5443 4982

Film restaurant
Vysoká 27
☎ 5293 2794

Grémium
Gorkého 11
☎ 5413 1026

Hacienda Mexicana
Sedlárska 6
☎ 0904/556 886

Caribic´s
Žižkova 1/A
☎ 5441 8334

Bagls
Obchodná 2
☎ 5441 0360

Biela pani
Jozefská 11
☎ 5443 5034

Brit
Krížna 23
☎ 5556 7770

Domenico café restaurant
Nám. Ľ. Štúra 4
☎ 5464 0167

Modrá hviezda
Beblavého 14
☎ 5443 2747

Prašná bašta
Zámočnícka 11
☎ 5443 4957

Trafená hus
Šafárikovo nám. 7
☎ 5292 5473

Mezzo Mezzo
Rybárska brána 9
☎ 5443 4393

Medusa
Michalská 21
☎ 5464 7344

Archa
Uršulínska 6
☎ 5443 0865

Flavors
Laurinská 3
☎ 5443 0676

McDonald´s
Gorkého 1
☎ 54 431 520
Obchodná 58
☎ 52 731 328
Nám. SNP 14
☎ 52 921 927

In Bratislava kann man auch chinesisch, japanisch oder thailändisch essen. Chinesische Gerichte gibt es zum Beispiel im Restaurant **Jasmín** unterhalb der Burg Bratislava, das durch seine hervorragende Qualität bekannt ist. Einmalig ist die im Geiste japanischer Traditionen eingerichtete **Kikaku Sushi Bar** mit japanischen und thailändischen Spezialitäten. Meeresfrüchte kostet man am besten im Restaurant **Caribic´s** am Donaukai.

Pizzerias

Pizzerias gehören zu den beliebten Gaststätten nicht nur bei den Stadtbewohnern sondern auch den Stadtbesuchern. Im Zentrum gibt es mehrere. Alle bieten hervorragende Spezialitäten der italienischen Küche, das heißt mehrere Pasta- und Pizzaarten und zahlreiche Gemüsesalate. Zu diesen Gerichten gehört ein guter italienischer Wein und zum Abschluss Kuchen oder Eis. In einer kleinen Gasse hinter der Comenius Universität befindet sich die neue und sympathische **Pizza Mizza** mit einem gemütlichen Interieur. Neben hervorragender Pizza werden auch hervorragende Suppen und Salate serviert. Eine der besten Pizzerias in Bratislava ist **Pizzeria – Restaurant Corleone**, wo neben knuspriger Pizza auch andere Gerichte angeboten werden. In der Nähe befindet sich auch **Pizza House** mit einem guten Pastaangebot, das von aufmerksamem Personal in angenehmer und kultivierter Umgebung serviert wird. Ein typisch italienisches Restaurant ist **La Trattoria** am Rand der Altstadt, das neben zahlreichen Pasta- und

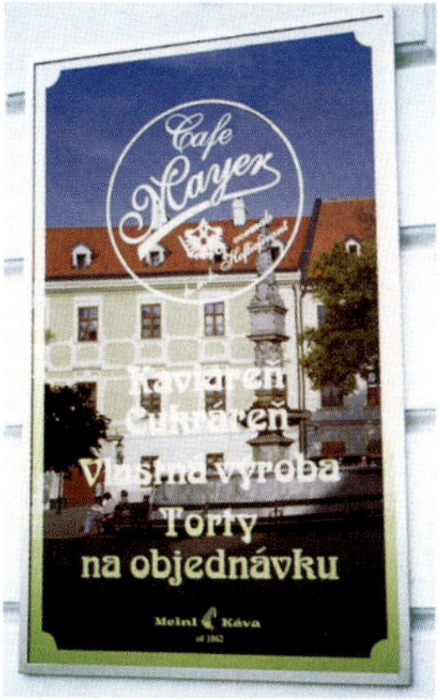

Pizzagerichten auch Meeresfische und eine große Auswahl leichterer italienischer Weine im Angebot hat.

Kaffee- und Teehäuser
Die Kaffeehäuser von Bratislava strahlen Gemütlichkeit und Atmosphäre aus. Viele blicken auf eine reiche Tradition zurück und sind stolz darauf, dass an ihren Tischen bekannte Persönlichkeiten saßen. Die ehemaligen Kaffeehauslegenden – **Grand, Astorka, Múzejka, Štefánka, Tatra** oder **Alžbetka**, knüpfen heute an diese Tradition an. Viele erreichen durch ihre Dienstleistungen höchstes europäisches Niveau. In allen kann man ein umfassendes Angebot von einfachen Mehlspeisen und Sandwichs bis zu vollwertigen Gerichten finden.

Torten- und Kuchenliebhaber sollten die klassische Wiener Konditorei im Kaffeehaus **Kaffe Mayer** oder das **Rolland caffe** am Platz Hlavné námestie besuchen. In die dreißiger und vierziger Jahre des 20. Jahrhunderts kann man sich in der **Piano Bar** im Stadtzentrum zurückversetzen. Die künstlerische Einrichtung und angenehme Musik (vorwiegend Jazz) schaffen eine angenehme Atmosphäre. Wem das nicht reicht, kann das Café **U anjelov** aufsuchen, das ebenso der Vorstellung eines idealen Cafés nahe kommt.

Sollte man bei den Streifzügen durch Bratislava PC und Internet brauchen, ist ein Besuch von **C@fe Online** empfehlenswert. Auf zwei Stockwerken des bemerkenswerten kubistischen Gebäudes stehen 50 Computer zur Verfügung. Jazzcafé und Club in der Fußgängerzone, das ist **Jazz Café**. Tagsüber Café und Galerie mit hervorragendem Kaffeeangebot und abends echter Jazzclub mit phantastischer Atmosphäre und Lifemusik. In der letzten Zeit hat man in Bratislava auch einige Teehäuser eröffnet. Stellvertretend für alle empfehlen wir zum Beispiel **Pohoda**, das wirkliche Gemütlichkeit, Komfort und gute Laune bietet.

Pizzerias

Pizza Mizza
Tobrucká 5
☎ 5296 5034

Restaurant Corleone
Hviezdoslavovo nám. 21
☎ 5443 5548

Pizza House
Hviezdoslavovo nám. 15
☎ 5443 1840

La Trattoria
Ferienčíková 13
☎ 5296 1620

Pizzeria No 33
Obchodná 33
☎ 5273 3710

Ramazzotti
Vysoká 15
☎ 5293 1312

Pizza Hut
Drevená 8
☎ 5441 0488

Kaffee- und Teehäuser

Kaffe Mayer
Hlavné nám. 4
☎ 5441 1741

Rolland caffé
Hlavné nám. 5
☎ 5443 1372

Piano Bar
Laurinská 11
☎ 5441 5880

U anjelov
Laurinská 19
☎ 5443 2724

C@fé Online
Obchodná 48

Jazz Café
Ventúrska 5
☎ 5443 4661

Café Ister
Ventúrska 8
☎ 5443 5874

Atrium
Gorkého 3
☎ 5960 3348

Čajovňa Pohoda
Laurinská 3
☎ 5443 3103

Čajovňa v galérii
Michalský dvor
Michalská 3

Čajovňa
Zámocká 18
☎ 0902 356 065

Weinstuben

Kláštorná vináreň
Františkánska 2
☎ 5443 0430

Veľkí františkáni
Františkánske nám. 10
☎ 5443 3073

Šenkvická viecha
Panenská 35

Bakchus
Hlboká 5
☎ 5249 4178

Sv. Urban
Klobučnícka 4
☎ 5443 2537

Weinkeller
Zu gutem Essen gehört guter Wein. Die Wurzeln der Weinbautradition von Bratislava reichen bis in die römische Zeit zurück. In den Weingärten über der Stadt wurde seit Menschengedenken guter Wein angebaut. Die Buschenschenken von Bratislava unterschieden sich von den Weinkellern dadurch, dass sie nur in der Saison in Häusern der Weinbauer betrieben wurden. Die alten Pressburger Buschenschenken gehören zwar längst der Vergangenheit an, aber guter Wein aus Bratislava und den Kleinen Karpaten wird weiter verkauft und hat immer noch seinen traditionellen Funken. Zu den bekannten Weinkellern von Bratislava gehört zum Beispiel **Kláštorná vináreň**, in typischen Kellerräumen, wo neben gutem in- und ausländischem Wein auch klassische Gerichte angeboten werden. **Veľkí františkáni** mit dem volkstümlichen Restaurant, Musik und gutem Essen ist vor allem bei der Avantgarde-Jugend beliebt. Bei Hochschulstudenten ist es **Šenkvická viecha** mit hervorragenden Suppen und Hausmannskost.

Biergärten und Pubs
Bier gehört zu den beliebtesten und populärsten Getränken der Slowaken. Diese Tradition kam aus dem benachbarten Tschechien zu uns und man kann den typischen herben Geschmack in vielen Biergärten und Pubs genießen. Auch das neu eröffnete **Eden pub** mit Atmosphäre stieß auf schnelle Gegenliebe. Neben gutem Fassbier bekommt man hier auch Gerichte vom Grill.

Das originelle Interieur des **Irish pub** mit seiner einmaligen irischen Atmosphäre und dem Angebot typischer irischer Gerichte und Biere war eine Bereicherung für die Altstadt und wurde schnell zum beliebten Treffpunkt für Stadtbewohner sowie Besucher aus dem Ausland. Typisches slowakisches Design bietet im Gegenzug **1. Slovak pub**. Jeder der 11 Räume ist anders und stellt bestimmte Abschnitte der slowakischen Geschichte dar. Es hat die größte Kapazität (600 Plätze) und kommt besonders Studenten entgegen (Preisnachlässe nach Studienergebnissen).

Einkäufe

Das„Kaufparadies“ der Altstadt konzentriert sich in den Straßen Obchodná, Michalská und Laurinská ulica, in Geschäftspassagen und großen Kaufhäusern. Außerdem gibt es auch mehrere Marktplätze auf denen man fast alles bekommt – vom frischen Gemüse und Obst bis hin zur Kleidung und handgemachten Artikeln. Generell gilt, dass Geschäfte Werktags von 9 oder 10 Uhr bis 18 Uhr, Sonnabend in der Regel nur bis 13 Uhr geöffnet sind. Es gibt jedoch viele Ausnahmen, denn viele Geschäfte sind von Touristen abhängig und haben ihre Geschäftsstunden angepasst. Große Kaufhäuser sind von Montag bis Sonntag häufig bis in die späten Abendstunden geöffnet.

Antiquitätenläden

Freude am Anblick oder dem Kauf stummer Zeitzeugen – aus dem Mittelalter, dem Jugendstil, Klassizismus, Impressionismus oder Futurismus – bieten Antiquitätenläden, die überwiegend in der Altstadt konzentriert sind. Ein wahres „Paradies“ für Antiquitätensammler ist zum Beispiel **Art Decoration** oder **Antiques Hasíková**, wo man Gegenstände und Kleinodien im bemerkenswerten Jugendstil findet.

Bücher

Ein großes Angebot an Büchern verschiedenster Genres findet man in zahlreichen Buchläden.

Biergärten und Pubs

Varadero
Obchodná 42
☎ 5273 1350

Irish pub
Sedlárska 6
☎ 5441 0706

Umelka Pub
Dostojevského rad 2
☎ 5263 4754

1. Slovak pub
Obchodná 62
☎ 5292 6367

El Diablo Bar
Sedlárska 6
☎ 0904 556 886

Eden pub
Obchodná 48
☎ 5273 1253

Chicago 30´s Club
Nám. SNP 8
☎ 0907 108 628

KGB Krčma gurmánov
Obchodná 52
☎ 5273 1278

Česká pivnica
Radlinského 39
☎ 5249 1945

Koník pub
Mlynské Nivy 24
☎ 5263 4527

Antiquitäten

Art Decoration
Kozia 15
☎ 5441 2370

Antiques Hasíková
Michalská 3
☎ 5443 1578

Bücher

Svet knihy
Obchodná 4
☎ 5464 8837

Pištek
Obchodná 2
☎ 5464 0814

Art Fórum
Kozia 20
☎ 5441 1898

Big Ben Book Shop
Michalská 1

La Reduta
Palackého 2
☎ 5443 0203

Slovenský spisovatel'
Laurinská 2
☎ 5443 3760

Antikvariát Steiner
Ventúrska 20
☎ 5443 3778

Die größten und interessantesten befinden sich zusammen mit Buchläden für fremdsprachige Literatur im Stadtzentrum. Die größten sind **Svet knihy** oder **Pištek** in der Obchodná ulica. **Art Fórum** und **Gump** sind wegen ihrem vom Kommerz abgewandten und spezifisch orientierten Angebot sehr beliebt.

Auf englische Literatur hat sich **Big Ben Book Shop** spezialisiert. Alte und seltene Bücher sowie Raritäten findet man im **Antiquariat Steiner**.

Geschenke, Souvenirs
Bratislava bietet Interessierten auch heute im Zeitalter der Massenproduktion handgemachte volkstümliche Kunst- oder Handwerksartikel. Typische slowakische Kunstge-genstände, die sich auch als Souvenir eignen (z.B. Puppen aus Maisstroh, geschnitzte Holzgegen-stände, Stickereien, Ledergürtel, Taschen oder Etuis) findet man im Zentrum bei **Folk Folk** oder **ÚĽUV**.

Eine andere Art von Geschenken bieten Vinotheken mit einem reichen Angebot an slowakischen Markenweinen (z.B.Vinotéka sv. Urbana). Wer keine bestimmte Vorstellung

eines Geschenks oder Souvenirs aus Bratislava hat, kann auch die vielen kleinen Läden im Stadtzentrum aufsuchen. Hier kann man wörtlich alles finden. Alles ist kreativ, originell und spezifisch, wobei die Waren aus in- und ausländischer Produktion stammen.

Einkaufszentren
Alles unter einem Dach und die größte Warenauswahl jeglicher Art bieten vor allem die modernen und großen Kaufhäuser und Einkaufszentren. Ihre Anzahl kann nicht definitiv bestimmt werden, denn es werden immer neue gebaut. Vor allem in den Randbezirken von Bratislava. Im Zentrum sind die bekanntesten Kaufhäuser **Tesco** und **Dunaj** mit einem großen Angebot in- und ausländischer Waren. **City Center** ist der Name eines neuen eleganten Einkaufszentrums, das in der Straße Obchodná ulica errichtet wurde. Es zeichnet sich mit hochwertigen Waren und modernem Design aus. Riesige Hypermärkte wurden am Stadtrand von Bratislava gebaut. Dazu gehören auch die größten Freizeitzentren **Aupark** in Petržalka, **Polus City Center** und **Shoping Palace** im östlichen Teil der Stadt.

Märkte
Auf dem Markt kann man eine einmalige Atmosphäre, ein Gemisch aus Düften, Farben, Tönen und Formen erleben. Hier bekommt man frisches Obst, Gemüse, Geflügel, Blumen, Kleidung und verschiedene Souvenirs. Dies alles bietet zum Beispiel die re-

Geschenke, Souvenirs

Folk Folk
Obchodná 10
☎ 5443 4292
Rybárska brána 2
☎ 5443 4874

ÚĽUV
Michalská 4
☎ 5443 2288
Nám. SNP 12
☎ 5292 3802

Bratislava SHOP
Nám. SNP 13
☎ 5926 5561

Einkaufszentren

Tesco
Kamenné nám. 1
Lamač
Petržalka
Zlaté piesky

Dunaj
Nám. SNP 30

City Center
Obchodná 58

Aupark
Einsteinova 18
☎ 6826 6200

Polus City Center
Vajnorská 100
☎ 4444 1234

Shopping Palace
Zlaté piesky

Danubia
Panónska cesta 16
☎ 6820 8808

Theater

SND – Divadlo P. O. Hviezdoslava
Laurinská 21
☎ 5443 3083

SND – Malá scéna
Dostojevského rad 7
☎ 5292 3775

Nová scéna
Kollárovo nám. 1
☎ 5292 1139

Divadlo Astorka Korzo ´90
Nám. SNP 33
☎ 5443 2093

Bratislavské bábkové divadlo
Dunajská 36
☎ 5292 3668

Divadlo West
Kolárska 3
☎ 5296 5831

Štúdio L & S
Nám. 1. mája 5
☎ 5292 1584

Divadlo GUnaGU
(v Divadle F7)
Františkánske nám. 7
☎ 5443 3335

Divadlo Stoka
Pribinova 1
☎ 5292 4463

konstruierte Markthalle **Stará tržnica** auf dem Platz Námestie SNP.

Unterhaltung

In Bratislava gibt es keine reinen Unterhaltungsviertel, trotzdem hat die Stadt ihren Bewohnern und Besuchern viel zu bieten. In der letzten Zeit sind vor allem zwei Unterhaltungszentren außerhalb der Altstadt populär: **Polus City Center** und **Aupark**. Das aktuelle Theater- und Kinoprogramm, sowie Ankündigungen von Kultur- und Gesellschaftsvera nstaltungen findet man in der Tagespresse. Detaillierte Informationen stehen auf Plakaten der einzelnen Veranstalter oder Touristenbüros. Eintrittskarten werden direkt an der Kasse der entsprechenden Einrichtung, im Vorverkauf oder auch über das Internet verkauft.

Theater

Bratislava hat mit Rücksicht auf seine Größe eine relativ große Anzahl von Theaterbühnen. Die meisten Theatergebäude befinden sich im Stadtzentrum. Die Theatersaison dauert in der Regel von September bis Juni, im Juli und August sind in den meisten Theatern Ferien. Im Sommer werden im Rahmen des Bratislavaer Kultursommers Vorstellungen organisiert. Gespielt wird auf Freilichtbühnen, häufig historischen Höfen in der Altstadt oder Parks und Gärten. Die meisten Theatervorstellungen beginnen um 19. Uhr und sind in der Regel ausverkauft.

Die Stars des slowakischen Theaters sieht man auf den Schau-

spielbühnen des **Slowakischen Nationaltheaters** – im Divadlo P. O. Hviezdoslava und Malá scéna. Anziehend durch ihre spezifische Atmosphäre und Schauspielerbesetzung sind die Theater **Astorka Korzo 90** und **Štúdio L & S**. Im Stadtzentrum befindet sich **Divadlo West**, in dem vorwiegend leichtere, kommerzielle Projekte aufgeführt werden.

Konzerte, Oper, Ballett
Bratislava kann auch „Musikstadt" genannt werden. Wegen dem riesigen Interesse sind die Eintrittskarten für größere Vorstellungen bereits einige Wochen im voraus ausverkauft. Brennpunkt des hiesigen Musiklebens ist das **Slowakische Nationaltheater** (SND). Die Oper von Bratislava wird vor allem wegen den Sänger-qualitäten der Künstler wie P. Dvorský, Ľ. Rybárska und M. Babjak aufgesucht, deren Kunst auch über die Grenzen der Slowakei hinaus bekannt ist. Die meisten Opern werden im SND im Original mit slowakischen Untertiteln aufgeführt, was nicht nur Opernkenner sondern auch ausländische Besucher zu schätzen wissen.

In der Nähe des historischen SND-Gebäudes befindet sich der Konzertsaal der **Slowakischen Philharmonie – Reduta**. Musical- und Operettenaufführungen sind für **Nová scéna** typisch. Das Angebot ist vielfältig und beliebte Stücke sind in der Regel am ersten Tag des Vorverkaufs ausverkauft. Jazzkonzerte werden regelmäßig immer Dienstags und Donnerstags im Jazzclub **Jazz-Avi** veranstaltet. Einmal im Jahr (im Herbst) beherrscht Bratislava das internationale Festival Bratislavské džezové dni, das ein hervorragendes Niveau hat. Klassischer Musik ist das internationale Festival Bratislavské hudobné slávnosti gewidmet, das ebenfalls im Herbst stattfindet.

Kinos
Die größten Kinos befinden sich in den Unterhaltungszentren außerhalb des Stadtzentrums wie **Polus City Center** und **Aupark**. In ihren Programmen findet man überwiegend Filme aus der Hollywoodproduktion. Anspruchsvollere Titel

Divadlo a.ha
Školská 14
☎ 5249 6822

Radošinské naivné divadlo
Škultétyho 5
☎ 5556 3508

Konzerte, Oper, Ballett

Slovenské národné divadlo – opera a balet
Hviezdoslavovo nám. 1
☎ 5443 3890

Slovenská filharmónia
Reduta, Palackého 2
☎ 5443 5242

Slovenský rozhlas
Mýtna 1
☎ 5727 3111

Moyzesova sieň
Vajanského nábr. 12
☎ 5292 5347

Hudobné centrum
Mirbachov palác
Františkánske nám. 11
☎ 5443 1556

Hudobná sieň Bratislavského hradu
Mudroňova 1
☎ 5441 3349

Koncertná sieň Klarisky
Uršulínska 11
☎ 5441 6548

Diskotheken und Nachtclubs

Jalta bar
Gorkého 15

U-Club
Nábr. arm. gen. L. Svobodu

Cirkus Barok
Rázusovo nábr.
☎ 5464 2091

Woch Music Club
Františkánske nám. 7
☎ 5443 2928

Laverna 1224
Nám. SNP 11

Harley-Davidson Saloon
Rebarborová 1/a
☎ 4319 1094, 95

Live! Club
Aupark, Einsteinova 18
☎ 6345 4108

Duna Music Club
Radlinského 11

Kasinos

Kasíno Park
Hviezdoslavovo nám. 21

Casino Café Reduta
Mostová 3
☎ 5443 2021

werden in kleineren Klubkinosvorgeführt. Detaillierte Informa-tionen über das aktuelle Kinoprogramm veröffentlicht die Tagespresse.

Diskotheken und Nachtclubs
Auch wenn das Nachtleben in der slowakischen Metropole den europäischen Großstädten nachhinkt, kann man auch in Bratislava einige Lokale finden, in denen das Leben nach Mitternacht beginnt und man sich bis in die Morgenstunden unterhalten kann. Das bekannteste und älteste Nachtlokal im Stadtzentrum ist **Jalta Bar**, in dem neben einem Musikprogramm auch Damen- und Herrenstriptease gezeigt wird. Zu den beliebten Clubs gehören wegen guter sog. House-Partys mit in- und ausländischen DJ´s **U-Club** in einem ehe-maligen Atomschutzbunker, **Cirkus Barok** am Donaukai oder **Woch Music Club** im Stadtzentrum. In der Nähe der Markthalle Stará tržnica im Stadtzentrum befindet sich die Diskothek **Laverna 1224**, bekannt für ein regelmäßiges Wochenprogramm und perfekte DJ´s. Sehr populär sind bei der Jugend auch Nachtclubs, die außerhalb der Stadt liegen wie **Live! Club** im Unterhaltungszentrum Aupark in Petržalka oder **Harley-Davidson Saloon** im südöstlichen Teil der Stadt.

Kasinos
Wer bei einem Besuch von Bratislava mehr Geld zur Verfügung hat und amerikanisches oder französisches Roulett, Black-Jack oder Boule mag, kann eines der hiesigen Kasinos besuchen. Direkt im Zentrum befinden sich zwei größere Kasinos **Casino Café Reduta** und **Kasíno Park**, ruhiger ist es im Kasino des Hotels Crowne Plaza.

Museen und Galerien

STÄDTISCHES MUSEUM
Mestské múzeum
Primaciálne nám. 3
☎ 5443 4742
www.muzeumbratislava.sk

Expositionen:
Exposition der Geschichte der Stadt Bratislava
Expozícia dejín Bratislavy
Altes Rathaus
Primaciálne nám. 1, ☎ 5920 5130
⊙ Di-Fr 10:00-17:00 Sa-So 11:00-18:00

Exposition über Wein und Weinbau
Expozícia vinohradnícko-vinárska
Apponyi Palais
Radničná 1, ☎ 5920 5141
⊙ Di-Fr 10:00-17:00 Sa-So 11:00-18:00
Okt-Apr Di-So 09:30-16:30

Kunstgewerbeausstellung
Expozícia umeleckých remesiel
Beblavého 1, ☎ 5441 2784
⊙ Di-Fr 10:00-17:00 Sa-So 11:00-18:00
Okt-Apr Di-So 09:30-16:30

Ausstellung von Waffen und Stadtbefestigungen Michaelerturm
Expozícia zbraní a mestkého opevnenia
Michalská 24, ☎ 5443 3044
⊙ Di-Fr 10:00-17:00 Sa-So 11:00-18:00
Okt-Apr 09:30-16:30

Musikhistorische Ausstellung – Geburstshaus J. N. Hummels
Hudobná expozícia - rodný dom J. N. Hummela
Klobučnícka 2, ☎ 5443 3888
⊙ Mo-Fr 10:00-18:00 Sa-So 10:00-14:00

Uhrenmuseum „Haus zum guten Hirten"
Expozícia historických hodín
Židovská 1, ☎ 5441 1940
⊙ Mo-Fr 10:00-17:00 Sa-So 10:00-18:00
Okt-Apr Di-So 09:30-16:30

Burg Devín
Hrad Devín
Muránska ul., ☎ 6573 0105
⊙ Di-Fr 10:00-17:00 Sa-So 10:00-18:00
Okt-Apr geschlossen

Museum Arthur Fleischmann
Múzeum Arthura Fleischmanna
Biela 6, ☎ 5920 5130
⊙ Di-Fr 10:00-17:00 Sa-So 11:00-18:00
Okt-Apr 09:30-16:30

Museum der Antik Gerulata
Múzeum antiky Gerulata
Gerulatská 69, ☎ 6285 9332
⊙ Di-So 10:00-17:00, Okt-Apr geschlossen

Literarische Exposition – Museum Janko Jesenský
Literárna expozícia – Múzeum Janka Jesenského
Somolického 2, ☎ 5443 4742

SLOWAKISCHES NATIONALMUSEUM
Slovenské národné múzeum
Vajanského nábr. 2, ☎ 5934 9141
www.snm.sk

Expositionen:
Naturwissenschaftliches Museum
Prírodovedné múzeum
Vajanského nábr. 2, ☎ 5934 9122
⊙ Di-So 09:00-17:00

Archäologisches Museum
Archeologické múzeum
Žižkova 12, ☎ 5441 6034
⊙ Di-So 09:00-17:00

Museum der jüdischen Kultur
Múzeum židovskej kultúry
Zsigrayova kúria
Židovská 17, ☎ 5441 1444, 5934 9142
⊙ Mo-So 11:00-17:00

Historisches Museum Bratislava Burg
☎ 5441 1444
⊙ Di-So 09:00-17:00

Museum der Musik
Hudobné múzeum
Bratislavský hrad, ☎ 5441 3349
⌚ Di-So 09:00-17:00

Schiffmuseum
Lodné múzeum
Schiff Kriváň an der Donau
☎ 6241 2227
⌚ Mo-So 11:00-24:00

SLOWAKISCHE NATIONALGALERIE

Vodné kasárne
Rázusovo nábr. 2, ☎ 5443 2082
⌚ Di-So 10:00-18:00

Palais Esterházy
Štúrovo nám. 4, ☎ 5443 2081
⌚ Di-So 10:00-18:00

GALERIE DER STADT BRATISLAVA

Mirbach-Palais
Františkánske nám. 11
☎ 5443 1556
⌚ Di-So 11:00-18:00

Pálffypalais
Panská 19, ☎ 5443 3627
⌚ Di-So 11:00-18:00

Primazialpalais
Primaciálne nám. 1, ☎ 5935 6111
⌚ Di-So 11:00-17:00

Ardan
Dobrovičova 7
☎ 0905 443 106, 5249 3235
⌚ Di-Fr 10:00-18:00 Sa 10:00-16:00

Artotéka
Kapucínska 1
⌚ Mo, Mi, Do 13:00-17:30 Di, Fr 13:30-16:00

Buryzone
Čajakova 11, ☎ 5244 4559
www.buryzone.sk
⌚ Mi-Do 14.00-22.00 Fr19.00-24.00

Danubiana Meulensteen Art Museum
Čunovo, ☎ 0903 605 505
www.danubiana.sk
⌚ Mai-Sep 10.00-20.00 Okt-Apr 10.00-18.00

Donner
Klobučnícka 4, ☎ 5443 3753

Divyd (Kunstglass Galerie)
Klobučnícka 2, ☎ 5443 3888
www.divyd.sk

ÚĽUV
Dobrovičova ul., ☎ 5296 4153
www.uluv.sk

Galerie F7
Františkánske nám. 7
⌚ Di-So 13:00-18:00

Galerie SFPA
Panenská 33, ☎ 5443 3155
⌚ Mo-Fr 09:00-17:00

Galerie SPP
Dom plynárov
Drevená 4, ☎ 5413 1251
⌚ Di-So 10:00-18:00

Galerie von Slovenská poisťovňa
Dostojevského rad 28, ☎ 5963 1111
⌚ Mo-Fr 08.00-16.00

Galerie X
Zámočnícka 5
⌚ Mo-Fr: 13:00-18:00 Sa: 13:00-17:00

Galerie von Slovenská sporiteľňa
Zelená 2
☎ 5977 2312, 5443 1491
⌚ Mo-Fr 08.00-16.00

Galerie Z
Zichyho palác
Ventúrska 9, ☎ 0903 468 776

www.hulik.sk
⌚ Mo-Sa 12:00-18:00

Galerie der Architektur SAS
Panská 15, ☎ 5441 8607
www.archinet.sk

Galerie HIT
Hviezdoslavovo nám. 18
☎ 0908 790 942
www.galeriahit.com
⌚ Di-Fr 15:00-19:00

Incheba – Kunstgalerie
Viedenská cesta 3

K. Gallery
Ventúrska 8, ☎ 5443 3927
⌚ Mo-Fr 13:00-18:00

K. F. A. Gallery
Karpatská 11, ☎ 5249 7030
www.kfa.sk
⌚ Mo-Fr 08:30-16:30

Komart
Zámočnícka 8
☎ 5441 2918
www.galeriakomart.sk

Médium
Hviezdoslavovo nám. 18
☎ 5443 5334
www.vsvu.sk/medium/galeria
⌚ Mo-Fr 10:00-17:00 Sa 10:00-16:00

Michalský dvor
Michalská 3, ☎ 5441 1079
www.gallery.sk
⌚ Di-So 13:00-18:00

Marat Art
Panská 6, ☎ 5443 4689

Miro Galerie
Košická 56
☎ 5070 2866-8
⌚ Mo-Fr 11:00-17:00 Sa 09:00-13:00

Nova
Baštová 2, ☎ 5443 3039
www.galeria-nova.sk
⌚ Di-So 13.00-18.00

Open Gallery
Baštová 5
☎ 5441 3316
www.scca.sk
⌚ Mo-Fr 13:00-18:00

Priestor for Contemporary Arts
Somolického 1/B
☎ 5441 8262
www.priestor.crazycurators.org
⌚ Mi-So 16:00-19:00

Profil
Prepoštská 4
☎ 5443 0459
www.fotofo.sk
⌚ Di-So 13:00-18:00

Soga
Panská 4, ☎ 5464 9942-3
www.soga.sk
⌚ Mo-Fr 10:00-18:00 Sa 10:00-13:00

TGallery
Panská 24
☎ 0903 601 656
www.tgallery.sk
⌚ Mo-So 10:00-18:00

Galerie Uniqa
Zámocká 4
☎ 5930 1911
⌚ Mo 08:00-17:00 Di-Do 08:00-16:00
Fr 08:00-15:00

Galerie Umelecká beseda
Dostojevského rad 2
☎ 5441 3623
⌚ Mo 13:00-18:00

Galerie Klarisky
Farská 4
⌚ Mo-So 10:00-17:00

Zlatý Bažant
Bažant
V PASÁŽI

INDEX DER SEHENSWÜRDIGKEITEN

Abstufung interessanter Fremdenverkehrsziele:

- * interessant
- ** sehr interessant
- *** ausserordentlich interessant
- **** top interessant

STARÉ MESTO
Machnáč
LAFRANCONI
E65
2
Horský park
Študentský domov Horský park
Dopravný podnik mesta
Hrobákova
Búdková
Drotárska cesta
Slovenský národný archív
Súbežná
amfiteáter
Martinengova
Osvaldova
Zoologická záhrada-vchod
Slovenská televízia
Sklenárska ul.
Hriňovská
ZŠ a MŠ internátna pre sluchovo postihnutých
Srnčia ul.
Šafranova
Správa účelových zariadení MZV SR
VŠ výtvarných umení
Veľvyslanectvo Srbska a Čiernej Hory
Mama-centrum v horární
Lesná
VÚB
Ul. Staré grunty
Vydrica
Prvosienková ul.
materská škola
Dolná ul.
Majakovského
Ul. Francúzskych partizánov
Ekoiuventa
Na strání
STU Fakulta elektrotechniky
Fakulta informatiky a informačných technológií
Ul. Slávičie údolie
Korabinského
Bartókova ul.
Drotárska cesta
Haydnova
Stará vinárska
Šulekova
Mudroňova
Tichá
Evanjelická bohoslovecká fakulta UK
Bartókova
Mozartova
Rubinsteinova
materská škola
Holubyho
Hrebendova
Svetlá ul.
Na Hrebienku
základná škola
Bukova ul.
Nad lomom
Ul. Bôrik
Vetvová
Čmelovec
Lubinská
Brosova
Kýhova
Myjavská
Krmanova ul.
Veľv. Talianska
Červeňova
Lichardova
Mlynská dolina
Ilkovičova
hotel BÔRIK
Bôrik
Jančova
Veľv. Číny
Veľv. Ukrajiny
Radvanská
Pri hradnej studni
Javorinská
Mošovského ul.
Žiarska
Fándlyho
Hummelova
Veľv. Poľska
Partizánska
Bartoňova
Veľv. Indonézskej rep.
galéria Medisana
Štát. veterinárna správa
Botanická záhrada UK
Malá
Na kopci
Udolná
Kráľovské údolie
V záhradách
Veľv. Angoly
Zdravotnícke zariadenie Medestic
Veľv. Líbye
Révová
Kat. botaniky Prír. fak. UK
Pod vinicami
Lipová ul.
Medzierka
Riznerova
Starý chodník
Fialové
ihrisko
Fakulta telesnej výchovy a športu UK
Študentský domov Lafranconi
Nábrežie arm. gen. L. Svobodu
Žižkova ul.
hotel SOREA
Múzeum Chatama Sofera
Strmá cesta
Hradné údolie
Daňový úrad
Výskumný ústav vodného hospodárstva
Dvořákovo
Park kultúry a oddychu
nábrežie
Most Lafranconi
hotel FAIRWAY
Najsvätejšej Trojice

Kalvária
Bratislava-hlavná stanica
Taxi
Predstaničné nám.
Múzeum dopravy
Železničiarska
Matúškova
Ul. Jaskový rad
Pionierska
Smrečianska
Karpatská
Beskydská
Dobšinského
I. II. Šancová
ul. I. II.
Mýtna ul.
Šancová
Ministerstvo financií SR
Štefanovičova
Leškova
Štefánikova
Slovenský rozhlas
Vazovova
Národná banka Slovenska
Fazuľová
Floriánske nám.
Kostol sv. Cyrila a Metoda
SLAVÍN
Pažického
Mišíkova ul.
Timravina
Palisády
Ul. Palisády
Nám. slobody
WC
Spojná
Slovenská technická univerzita
Starohorská
Radlinského
Mickiewiczova
Prezidentský palác
Hodžovo nám.
Vysoká
Tatracentrum
hotel FORUM
Poštová
Obchodná
Hurbanovo nám.
Nám. SNP
Špitálska
TESCO
Dunajská
Kamenné nám.
Grösslingova
Štúrova ul.
Klemensova
Lazaretská
Šafárikovo nám.
Dostojevského
Pribinova
Bratislavský hrad
Ul. A. Dubčeka
Zámocká
Staromestská
Michalská
Ventúrska
Hviezdoslavovo nám.
Rybné nám.
Nábrežie arm. gen. Ludvíka Svobodu
Rázusovo nábr.
hotel DEVÍN
Vajanského nábr.
Fajnorovo nábr.
Mýtny domček Galéria Minislovensko
Lodná osobná doprava
Slov. plavba a prístavy
penzión
1 Muzejná ul.
2 Prešenova

Výskumný ústav vinohradnícky a vinársky
Výskumný kontrolný a skúšobný ústav poľnohospodársky
hotel GALÉRIA
Vančurova
Matúškova
Pod stráňami
Jaskový rad
Záchranná a dopravná zdravotnícka služba
umelecká škola
Združená hotelová akadémia
Pionierska ul.
Smrečianska
Čajakova
Mikovíniho
ihrisko
Sibírska
J. Cigeľa
Hroncova
Račianska ul.
Kominárska ul.
Prvá komunálna banka
Danubius Elektrik
Radošinské naivné divadlo
Hlučínska
Dom techniky
Umelecké a kongresové centrum ISTROPOLIS
Kukučínova ul.
Trnavské mýto
Bratislava-hlavná stanica
Štátny ústav na kontrolu liečiv
Dobšinského
Palárikova
Železničiarska ul.
Predstaničné nám.
Bukureštská ul.
materská škola
základná škola
Speciálna zakl. škola
Karpatská ul.
Beskydská
Ladova
Šancová
Račianske mýto
ul. I.II.
Legionárska
Železničná nem.
Kováčska
tržnica
VÚB
UniBanka
ČSOB
banka Slovakia
Belehradská
Jiskrova
Múzeum dopravy
Holekova
Zaborova
Murgašova
Kvetná
Železn. polícia
I.II.Šancová
Povraznícka
Belopotockého
Björnsonova
Záhrebská
Tabaková
Mýtna ul.
Štud. domov J. Hronca
Bernolákova
Wilsonova
Kmeťovo nám.
Slov. spor.
ihrisko
základná škola
gymnázium
Metodova
Cyrilova
Jelačičova
Ministerstvo financií SR
Kyčerského
Štefanovičova
ČSOB
Škovránčia
Žilinská
STU Elektrotech. fakulta
poliklinika
Vazovova
Štud. domov N. Belojanisa
Radlinského
Leškova
Čajkovského ul.
Slovenský rozhlas
Národná banka Slovenska
gymnázium
Fazuľova
Kostol Nanebovzatia P. Márie
Miestne kultúrne stredisko
Školská
Stredná geodetická škola
Blumentálska
Nám. M. Benku
Koceľova
Bazová
Štefánikova
Konz. Portugalská
Úrad vlády SR
Minist. dopravy, pôšt a telekom.
Nám. slobody
WC
Starohorská
Floriánske nám.
Malinova
Odborárske nám.
Krížna ul.
Záhradnícka ul.
Justičná ul.
Poľská
Justičný palác
OLO
UniBanka
Základná umelecká škola
Spojná
Fak. architektúry STU
Slovenská technická univerzita
Fakultná nem.
Americké nám.
Taxi
Lekárska fakulta UK
Pedagogická fakulta UK
Moskovská
Sasinkova
Chorvátska
Kulíškova
CULTUS Spoločenský dom Nivy
Úrad vlády SR
Banskobystrická
Jozefská
kino HVIEZDA
Štúdio L+S
Veľv. Švajčiarska
hotel TATRA
kino TATRA 1. mája
Prezidentský palác
Nová scéna
Jánska
Kollárovo nám.
Mickiewiczova
OTP
Stredisko cenných papierov
Ul.Tatra banka
Medická záhrada
Slov. ped. nakl.
Okresné riaditeľstvo PZ
Strážnická
Šoltésovej
Lužická
Velehradská
Súťažná
Revúcka ul.
Hodžovo nám.
Ľudová banka
Živnostenská
Slovenská spor.
Vyššia voj. správa
Územná voj. správa
Mariánska
Dobrovičova
Poľná
29. augusta
Ondrejský cintorín
Budovateľská
Skladištná
Istrobanka
Páričkova
Vysoká
Tatracentrum
Holého
synagóga
hotel FORUM
Poštová
Obchodná
VÚB
Jedlíkova
Heydukova
Onkolog. ústav sv.Alžbety
Ministerstvo práce soc. vecí a rodiny
základná škola
Lazaretská
Francisciho
Janáčkova
Ľudová banka
Malý trh
Autobusová stanica Mlynské nivy
VÚB
Šagátova
kalvínsky kostol
Suché mýto
PKB
Hurbanovo nám.
Gal. SLOVA
SNP
ASTORKA KORZO'90
Nedbalova
Uršulínska
Klobučnícka
Divadlo West
Kolárska
Treskoňova
kino CHARLIES
hotel KYJEV
TESCO
Špitálska
Cukrová
Cintorínska
NsP Minist. vnútra
Ferienčíkova
Veľv. Egypta
Karadžičova
Kablo
Chemika
Továrenská
Tatra banka
Obch. dom CB
Bottova
Zámočnícka
Františkánska
Františkánske nám.
Biela
Hlavné nám.
Primaciálne nám.
Magistrát
Stará tržnica
Kamenné nám.
Tatra banka
Slov. spor.
Dunajská
Všeobecná úver. banka
Slov. film. ústav
Štátne bábkové divadlo
gymnázium základná škola
Klemensova
Lazaretská
základná škola
Továrenská
Bastová
Michalská
Sedlárska
Ventúrska
Zelená
Radničná
Rybárska brána
Laurinská
VÚB
Gorkého
Komenského nám.
Akad. vzdel.
Grösslingova
gymnázium
Gajova
Alžbetínska
Sienkiewiczova
Bezručova
Lomonosovova
Jakubovo nám.
Dom zahraničných Slovákov
Landererova
Elektrovod
M. Čulena
Panská
Gal. mesta
Gal. Médium
Hviezdoslavovo nám.
Jesenského
Mostová
Palackého
Kupeckého
gymnázium
Lúčnica
OTP banka
Štúrova ul.
Tallerova
Tobrucká
Dobrovičova
Šafárikovo nám.
PKB
Minist. pôdohosp.
Malá scéna
Dostojevského
divadlo STOKA
Dopravný podnik
SND (vo výstavbe)
Karpatská ul.
Olejkárska ul.
Pribinova ul.
Pribinova
Prescot
Ľudová banka
TA SR
Veľv. USA
Reduta
Medená
Slov. nár. galéria
Rázusovo nábr.
Paulínyho
Nám. Ľ. Štúra
Vajanského nábr.
Fajnorovo nábr.
Filozof. fak. UK
Ministerstvo vnútra SR
Dom lodníkov
Slovfracht
hasičská zbrojnica
hotel DEVÍN
botel GRÁCIA
Slov. plavba a prístavy
Lodná osobná doprava
Mýtny domček
Galéria Minislovensko
1 Muzejná ul.
2 Prešenova ul.

Štrkovec
RUŽINOV
Štrkovecké jazero
Areál hier Radosť
Ružinovská ul.
Bajkalská ul.
Miletičova ul.
Prievozská
Stará Prievozská
Záhradnícka ul.
Trenčianska ul.
Mliekarenská
Martinčekova
Košická ul.
Mlynské nivy
Prístavná ul.
Zimný prístav
Zimný štadión O. NEPELU
Zimný štadión V. DZURILU
Nemocnica s poliklinikou
hotel HOLIDAY IN
hotel JUNIOR
hotel EURO
hotel TURIST
hotel ECHO
hotel NIVY
hotel ASTRA
Okresný súd Bratislava II
obchodný dom DELVITA
obchodný dom VETEX
Najvyšší kontrolný úrad SR
Výskumný ústav potravinársky
Ministerstvo vnútra
verejné trhovisko
Bratislavské automobilové závody
business center
Slovnaft Benzinol
BAUMAX
Autopark
Drudop
Eurocol
Prístav Bratislava
Horárska ul.
Alejová ul.
Hlavný banský úrad
Výstavníctvo
Prvá stavebná sporiteľňa
Tenisová škola
DELFÍN
Domov dôchodcov
Ružinovský domov seniorov
Konz. Luxemburská
Konz. Islandu
SPP
BCT-Bratislavská cvernová továreň
Slovenské elektrárne
Štatistický úrad
Bratislavský samosprávny kraj
Saleziáni Don Bosca
Gumon
RYBA
garáže
Taxi